1からわかる日本の城

JAPANESE CASTLE

西股総生

INTRODUCTION

まえがき

城歩きは知的パズルだ！

城のことはよく知らないのだけれど、ちょっと気になる……。

自分の住んでいる街や、生まれ育った街に城があるんだけれど、どこをどう見たら面白いのか、よくわからない。

歴史小説を読んだり、武将に興味をもって調べたりしていると、城が出てくること、ありますよね？　ここで出てくる城って、どんな場所だったんだろう？　この武将が攻めた城、どんな城だったんだろう？

出張や旅行で新幹線に乗っていて、ふと車窓から城が見えること、ありますよね？　あるいは、どこか地方の街に立ち寄ったとき「あ、こんな所に城があったんだ」と、気づいてハッとした経験、たいがいの人はお持ちではないでしょうか。

そんな人のために、城の面白さや、城歩きの楽しさをお伝えするのが、この本です。

城のことを知りたいと思って、城の本を手に取ってみると……専門用語がたくさん並んでいて……、えっ？　これひとつひとつ覚えないと、城を見てもわかるようにならないの？って、思ったこと、ありませんか？

この本でも城の用語は出てきます。でも、教科書みたいにひとつひとつ用語を解説してゆくわけではありません。なぜなら、城がわかるようになる＝用語を覚えること、ではないからです。予備知識も、中学校か高校でな～んとなく歴史を習ったなー、くらいで全然、大丈夫です。

まずは、面白そうだと感じることが、出発点。そうすれば、知的パズルを楽しむように、城を知ることができます。そうして実際の城を訪れてみると、城歩きとは、足を動かし、五感を総動員して楽しむ知的パズルであることが、実感できるはず。

大切なのは、知的パズルを楽しむための、ちょっとしたコツを身につけること。そうして、城って面白いな、と思えるようになれば、知識は後からいくらでも、ついてきます。用語を覚えたり、歴史的背景を知るのは、それからで充分です。

というわけで、まずは、城の世界にご案内！

CONTENTS

まえがき　～城歩きは知的パズルだ！

〈第1章〉城の盛り上がりポイントはココだ！

〈第2章〉

戦いの中で進化した日本の城

CONTENTS

〈第3章〉

城を楽しむために知っておきたいこと

〈第4章〉

城のいろいろな楽しみ方

第1章

chapter.1

城の盛り上がりポイントはココだ！

①城とは何か

城は戦うために築かれた

「城」というと、たいがいの人は左ページ写真のような情景をイメージしますよね。そう。世界遺産にもなっている、あの城です。いま、「姫路城《ひめじじょう》だ!」と答えた人、いませんか? でも、これは城ではありません! どういうことでしょう?

正確にいい直しましょう。ここに写っているのは、「姫路城の天守」です。つまり、姫路城という城は、石垣や堀、櫓《やぐら》や城門、といったたくさんのパーツからできています。天守は、たくさんのパーツのひとつにすぎないのであって、姫路城そのものではないのです。

あっ、ずるい! 引っかけだ! そう思いましたか? でも、気をつけてくださいね。城とは、油断のならない場所なのです。なぜでしょう?

「城」という字は、今の漢字では「土」と「成」からできています。そこで、「成」は「盛」

この写真を見て「姫路城だ」と思った人、残念でした。

の省略形で、「城」とは土を盛ってできた施設を意味していた、と説明されることが多いです。いえ、この本以外の、ほとんどの城の本では、そう説明しているでしょう。

ところが、最近の研究で、「城」という字は「土」＋「盛（成）」ではなかったことが、わかってきたのです。

甲骨《こうこつ》文字というものを、ご存知でしょうか？

古代中国で使われた象形文字です。占いのときに、亀の甲羅や動物の骨に文字を刻んだことから、この名があります。

その甲骨文字までさかのぼってみると、「城」の偏の側は「土」ではないのです。囲いに櫓が立っている様子を表す形をしていました。

　また、つくりの方は「成」でも「盛」でもなく、マサカリか斧《おの》のような武器を表す形です。斧といっても、木を切る斧ではありませんよ。人をバサッと斬る斧、バトルアックスです。

　つまり「城」とは、囲いや櫓によって敵と戦う場所を表す文字だったのです。ほら、知的パズルでしょう？

姫路城（兵庫県）。城内にはさまざまな障碍物（しょうがいぶつ）とワナが待ち構えている。城との真剣勝負を楽しんでみよう！

城とは、敵の攻撃を防ぐための施設。ですから、侵入してきた者をダマし、ワナに陥れ、命まで奪おうとします。油断のならない場所なのです。でも、そこが城の魅力でもあります。なぜなら、人が命がけで造ったものだからです。人が命がけで造った構造物には、気高さと美しさが宿ります。

だったら、城を歩くときは真剣勝負！　とはいっても、今はもう鉄砲の弾が飛んできたり、槍《やり》で突き伏せられることはありません。築かれた当時を想像しながら、自分なりに城との真剣勝負を楽しんでみましょう。

さて、次のページから、城の見どころを紹介してゆきます。石垣や堀、櫓や城門、天守などです。それらを説明してゆく上で、どうしても城用語が出てきますが、アレもコレもと並べるのではなく、必要最低限で済ませることにします。

念のため、用語は太字にしておきますが、教科書みたいにひとつひとつ覚えて下さい、というわけではありません。後から、「ああ、あれあれ、何だったっけ？」と気になって、ページをめくったときに目にとまるよう、太字にしてあるだけです。

写真を眺めながら、ひととおり読んで、全体の城の話の流れがつかめれば、城の原理がわかるよう、書くことにしましょう。

② 石垣で知る城の原理

「城」で最も大事なものとは？

城というと、たいがいの人は天守を思い浮かべます。城を訪れる観光客も、まずは天守を目ざして歩きます。でも、城とはもともと、敵を防ぐために囲まれた場所を指す言葉。だから、われわれが城を訪れたとき、最初に出くわすのも石垣や堀です。

もし、攻めてくる敵が誰もいないのなら、わざわざ手間ヒマかけて、こんなものを築く必要もないですよね。大名のような支配者が暮らすための御殿《ごてん》とか、領地を治めるための政庁だけなら、泥棒や不審者が入ってこないように塀で囲っておけば充分です。

今の日本だって、国会議事堂や都庁は石垣や堀で囲まれていたりはしません。地方へ行くと、県庁や市役所が石垣や堀で囲まれている所もあります。でも、それはもともと城だった場所に県庁や市役所が建っているからです。

諸外国には、政府機関がもっと厳重にフェンスや有刺鉄線で囲まれている所もあります。銃を持った兵士が、目を光らせていたりとか。そういう国は内戦があったり反政府ゲリラが出没したりと、治安のよくない国。つまり、攻めてくる敵がいるわけです。

日本でも、内戦や反乱がつづいて、治安のとてもよくない時代がありました。今からざっと550年くらい前にはじまった、戦国時代です。戦国時代は150年ほど続き、やがて織田信長《おだのぶなが》

すべて人力で築造された大坂城（大阪府）の堀と石垣。攻めてくる敵がいないのなら、こんなご大層なものをこしらえる必要はない。

や豊臣秀吉《とよとみひでよし》、徳川家康《とくがわいえやす》によって全国統一が進められます。

ただし、統一が進むということは、地域ごとのブロックが大きくなってゆくことでもあります。そうなれば、戦争も大がかりになってゆきますよね。当然、敵を防ぐための軍事施設である城も、大きくてとびきり頑丈なものになります。

その結果として、姫路城・大坂城《おおさかじょう》・名古屋城《なごやじょう》・熊本城《くまもとじょう》といった、天下の名城たちが生まれました。

こんなふうに見てくると、敵

駿府城（静岡県）。堀と石垣で囲まれた中に静岡県庁が建っているが、これは城が使われなくなった後で、城内に県庁を建てたため。

を防ぐために築かれた城で、まずもって大切なのは石垣や堀だとわかります。

なので、城を訪れたら、まずは石垣を眺めてみましょう。たくさんの石が、高く積み上げられていますね。ちょっとイメージしてみましょう。今から400年も前、ダンプカーもクレーンもない時代に、すべて人の手で、これらの石を運んできて、ひとつひとつ積み上げたのです。

もう少し近づいて、よく見てみましょう。あれ? 石と石の間には隙間もけっこうあるなあ。のぞき込んでみると、奥の方で

安土城（滋賀県）。信長が全国統一の拠点として築いた壮麗な城も本能寺の変で兵火にかかり、今は廃墟となって石垣のみが累々と残る。

ガッチリ組んであるから、簡単には崩れないだろうけど……。でも、運動神経のいい人なら、ホールドがあちこちにあって、登れちゃうんじゃないかな？

　よく考えてみましょう。あなたが「登れそう」と思ったのは、あくまでフリークライミングでの話。

　戦国時代の合戦では、あなたは甲冑《かっちゅう》に身を固めて腰には刀を差し、手には槍や鉄砲を持っています。そのスタイルで、目の前の石垣を登れますか？

　それとも、甲冑も槍もなしに敵の城に突入しますか？　ほら、

福山城（広島県）の石垣。福山駅を降りると、目の前にこの石垣がある。ボルダリングの得意な人なら登れちゃう？　でも、決して実験しないように！

石垣が鉄壁の守りに見えてきたでしょう？

繰り返しますが、城とは敵を防ぐための施設。ですから、城を訪れたときに石垣を目の前にして、「これ、とても登れないや！」と思ったら、あなたは城と石垣のいちばん大切な原理を理解したことになります。ここが、ポイント！

城の見方を学ぶとき、本当に大切なのは、原理を理解して楽しみ方を身につけること。そういっている意味が、少しおわかりいただけたでしょうか。

江戸城（東京都）。本丸の北側、北拮橋（きたはねばし）門あたりの石垣。このあたりの石垣は、実は全国でも屈指の立派なもの。都心の真ん中でこれだけの石垣を拝めるのは、城好きにはたまらないことだ。

③石垣に見る技術のトレンド

石垣のパターンは全部で6種類

城に興味を持ち始めて最初のうちは、石垣はどれも同じに見えるかもしれません。でも、よく見ると石垣にはいろいろなタイプがあります。石垣の違いと、違いを生み出す原理とがわかるようになると、城造りにおけるイノベーションが見えてきます。

まず、採ってきた石を、そのまま積み上げたものを**野面《のづら》積み**といいます。次に、採ってきた石の表面や、合わせ目になる所を打ち欠いて、ある程度形を整えてから積んだものが**打込《うちこ》みハギ**。さらに、ブロックのように形を四角く整えて積み上げたものを**切込《きりこ》みハギ**と呼びます。かなり整然とした印象になりますね。

それから、大小の石をランダムに積むやり方を**乱積《らんづ》み**。段ごとに石のサイズを揃えて、横に目地が通るようにしたものを**布積《ぬのづ》み**と呼びます。

[野面積み×乱積み]
岡山城（岡山県）。一見、乱雑そうだが、石の奥行きを大きくとって奥の方でガッチリかみ合わさっているので、簡単には崩れない。

[打込みハギ×乱積み]
姫路城。石を打ち欠いて表面を平らに揃えている。

[打込みハギ×布積み]
大坂城。目地が横に通っているのがわかる。石のサイズが揃わないと、こうはならない。

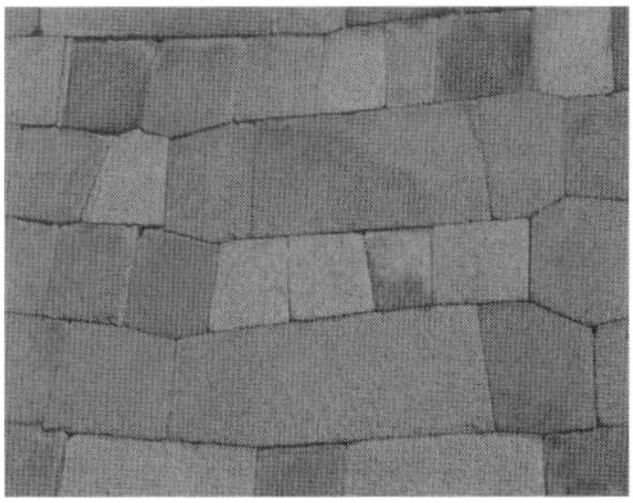

[切込みハギ×布積み]
二条城（京都府）。石をブロックのように整形して、隙間なく積み上げている。加工に手間をかけているのが一目瞭然。

これに、先ほどの野面積み・打込みハギ・切込みハギを組み合わせると、6つのパターンができますね。なので、城を歩きながら「これは野面積みで乱積み」「お、打込みハギの布積みだな」などと当てはめてみましょう。ほら、城歩きは知的パズルでしょう?

さて、戦国まっただ中に築かれた石垣は、たいがい野面積み×乱積みです。何せ、いつ敵が攻めてくるかもわからない時代ですから、城造りも大急ぎ。とにかく使えそうな石をかき集めてきて、片っ端から積むしかありません。これがだんだん打込みハギ×乱積みになってゆきます。

ただし、乱積みが技術的に稚拙《ちせつ》かというと、そうともいえないのが面白いところ。というのも、乱積みというのはランダムに積むことで、荷重を均一に分散させる積み方だからです。これを実現するには、ひとつひとつの石の大きさや形を見て、最適の場所に最適の置き方をする名人芸が必要です。

一方、布積みは石の大きさが揃っているわけですから、マニュアル的に積むことができます。

とはいえ、切込みハギで布積みにするためには石の加工に手間がかかります。なので、江戸時代に入って、世の中が落ちついてこないと普及しません。

ここが、城造りにおけるイノベーションです。まず、信長や秀吉の頃までは、石工《いしく》たちが名人芸を発揮して石垣を積んでいました。ところが、日本のあちこちで大がかりな城造りが盛んになってくると、名人芸を持った熟練工が不足します。そこで、切り出す段階で石のサイズを規格化します。そうして、築城の現場ではマニュアル的に積めるようにしていったのです。

石垣山城（神奈川県）。豊臣秀吉が1590年（天正18）に小田原城を包囲した際、突貫工事で築いた石垣。一見雑に見えるが、ランダムに積むことで荷重を均一に分散させている。

もう一つ、**算木積み**《さんぎ》という言葉を覚えておくとよいでしょう。石垣の角の所を造るのに、角柱形の石を互い違いに組み上げるようにした積み方です。この技術は、秀吉による朝鮮出兵（文禄《ぶんろく》・慶長《けいちょう》の役《えき》1592〜98）から関ヶ原合戦（1600）の頃に発達したものです。これによって、石垣の角部分の強度が飛躍的に向上したのです。と同時に、規格化された石を使って打込みハギ×布積みにする技術も、普及していきました。

何となく、技術のトレンドが見えてきたでしょう？　石切場で石を規格化する生産方式が確立すると、石垣の目地が横に通るようになります。この技術を応用して、算木積み用の直方体の石を造れば、石垣の角もきれいに丈夫に組み上がります。

こうして、見上げるような鉄壁の石垣を、短期間で積み上げる築城法が確立していったのです。

典型的な算木積み。大坂城。巨大な直方体の石を交互に積んでいるのがわかる。
現在残る大坂城の石垣は豊臣氏の滅亡後、徳川幕府によって築き直されたもの。

浜松城（静岡県）に残る野面積みの石垣。上の大坂城より30年ほど古い。
角の部分が何となく算木積みっぽくなっているのがわかるかな？

④堀がわかれば城はもっと面白い！

城にとってのマストアイテム

「お城の本だというのに、石垣から始まって次は堀か。何だか地味だなあ……」なんて、いわないで下さい。

堀と石垣は、あなたが実際に城を訪れて、まず最初に出会うものです。それに何といっても、城にとってのマストアイテムなのですから。だって、いくら天守や御殿が立派でも、敵が簡単に入ってこられるようでは、城としてダメダメでしょう？

実際、考古学におけるグローバルスタンダードな考え方では、人を殺傷するための専用の道具＝武器と、堀に囲まれた村＝環壕《かんごう》集落の出現をもって、戦争の始まりと見なすのが普通です。堀とは、城を構成するもっとも原初的なアイテムなのです。

吉野ヶ里遺跡（佐賀県）の環壕。弥生時代には、このような環濠集落が日本の各地に出現した。戦争の時代の始まりである。

天守や櫓が残っていない城でも、堀ならたいがいは残っています。ということは、堀を見て「面白い」と思えるようになれば、日本中どこの城へ行っても面白がることができるのです。

これって、とってもお得だと思いませんか？（笑）

さて、堀には、水を張った**水堀**《みずぼり》と、水のない**空堀**《からぼり》があります。水堀は、落ちると溺れてしまいます。「泳いで渡ればいいじゃん！」なんて、言っているのは誰ですか？　城攻めでは、甲冑や槍や刀を身につけているのですからね。

対する空堀は溺れはしませんが、落ちると痛いです。打ち所が悪ければ、死んでしまうかもしれませんし、怪我をして動けなくなったあなたを、城兵は見逃してくれないでしょうね。水がないからといって、侮ることはできないのです。

また、断面が四角い堀を**箱堀**《はこぼり》、断面がV字形のものを**薬研堀**《やげんぼり》と呼びます。薬研とは薬の材料をすり潰すのに使った道具で、時代劇で赤ひげ先生や徳川家康がゴリゴリやっているやつです。

名古屋城（愛知県）の水堀。鎧を着たまま泳いで渡ることはできそうもない（決して実験しないように）。

では、箱堀と薬研堀をどう使い分けるかというと、水堀は箱堀になるのが普通です。平地に堀を掘ると水が湧いてきて、深く掘り下げるのが難しくなります。そこで、深くするかわりに幅を大きくして防禦力《ぼうぎょりょく》を稼ごうとするので、底の平らな箱堀になります。

一方、丘の上や山の上に堀を掘ると、必然的に空堀になります。敵を落とし込んで殺傷するために、できるだけ深く掘りたいのが空堀です。でも、四角い断面形のまま深く掘ろうとすると、土量がかさんで大変です。

日出城（ひじじょう）（大分県）の空堀。鎧を着たまま落ちたら、かなり痛そうだ（実験したい人…… いませんね）。

そこで断面をV字形にすれば、掘削土量を節約しながら、幅と深さを同時に稼げます。

しかも、薬研堀は底が極端に狭くなるので、落ち込むと身動きがとれなくなります。想像すると怖いですね。ただし、空堀でも幅が相当大きい場合は底の平らな箱堀になりますが、それでも水堀よりはるかに深さがあります。

ここまでの話を整理しましょう。平地に築く城は水堀で箱堀。幅で敵を防ぐのがセオリーです。一方、丘の上や山の上に築く城

二条城の水堀。インバウンドの観光客でごった返す城内から離れて、堀端を散策してみよう。これは敵を防ぐための城なのだという事実が、じわーっと実感できるはず。

は空堀で薬研堀が基本。深さで敵を防ぎます。

戦国時代の城では、使われなくなってから何百年もたつうちに、堀底に土が積もります。そうすると一見、箱堀のようになっていることが多いのですが、発掘調査で堆積した土をどけると、鋭角な薬研堀が姿を現します。

こんなふうに原理がわかると、堀もなかなか面白いでしょう？あなたも、今度どこかの城を訪れたら、城内に入る前にまず堀端に立って、しばし堀を眺めてみませんか？

茅ヶ崎城（神奈川県）の空堀。戦国時代の空堀は断面がV字形の薬研堀が主流。かつての堀底は、今の堀底よりさらに深かった。

⑤城門に秘められた戦闘力を知る

ふたつのワードでほぼほぼ大丈夫

お城の本は普通、天守↓櫓↓門↓石垣↓堀みたいな順番で、説明します。でも、この本では石垣↓堀ときて、次は門。なぜかというと、皆さんが実際に城を訪れたときに、目にする順番だからです。その方が、リアルでしょう?

さて、門とは地面に立てた2本の柱（門柱《もんちゅう》）に扉を付けて、開け閉めできるようにした構造物です。門のうち、お城に使われる代表的なタイプに、**櫓門**《やぐらもん》と**高麗門**《こうらいもん》があります。というより、現存している城門のほとんどは、櫓門か高麗門なので、このふたつのワードを覚えてしまえば、門については、ほぼほぼ大丈夫。

このうち、櫓門は櫓の下が門になっている形。覚えるまでもなく、まんまですね（笑）。石垣の上に細長い櫓を渡して、その下を門にした形を、とくに**渡櫓門**《わたりやぐらもん》と呼びます。これも、まんまです。

櫓門・渡櫓門は、上にある櫓が見張り場になるし、攻め寄せてきた敵に鉄砲を撃ちかけ

二条城の本丸櫓門。門の上が櫓になっている。

二条城の東大手門は渡櫓門。石垣の上に櫓を渡して、その下が門となっている。

ることもできます。また、床の一部が開くようになっていて、石を落としたり、矢を射かけられるようになっているものもあります。これなら、防御力抜群ですね！

そこへいくと、高麗門は普通の屋根が付いた門のようで、一見平和そうです。よく見ると、門柱の後ろに控え柱が立っていて、その上にも小さな屋根がかぶせてあって、ちょっとしたアクセントになっています。

おっしゃれ〜！　高麗門というからには韓流？　いえいえ、高麗門と同じスタイルの門は朝鮮半島にはないそうです。このスタイルは、どうやら日本オリジナル。よく観察してみましょう。

扉（＝門扉《もんぴ》）を門柱に取り付ける金具は、とても大きくて頑丈です。しかも、門扉には鉄板が張って

二条城の東大手門をくぐるとき見上げてみたら、床板をはずして攻撃できるようになっていた。こういう仕掛けを石落（いしおとし）という。危ない、危ない。

江戸城の田安門は高麗門。今は武道館の入り口になっているが、れっきとした江戸城の城門である。みんな、もっと注目してくれよな！

内側から見た田安門。控え柱の上にも小さな屋根がかかっている。よく見ると控え柱がハの字に開いている。この方が、踏ん張りがききそうだ。

あります。これなら、鉄砲を撃ち込まれようと、大勢の敵兵が突進してこようと、簡単には破られません。

　門柱の後ろに控え柱を付けたのも、門が倒されないため。デザイン上のアクセントに見えていた小さな屋根は、門を開けた状態でも鉄板が錆《さ》びないための工夫だったのです。

　一見、平凡に思える高麗門、なかなか実戦的でしょう？　このスタイルを高麗門と呼ぶようになった理由は、よくわかっていません。ただ僕は、文禄・慶長の役で苦戦した武将たちが、戦いの教訓に基づいて編み出したスタイルではないか、と推測しています。

　というか、もともと日本には、城専用の門のスタイルというものがありませんでした。屋敷やお寺に使うのと同じスタイルの門を、城にも使っていたのです。こうした門は、門扉の付け根に木製の軸が付いていて、それが上下の軸受けに差し込まれて、門扉が開閉するようになっていました。

　でも、この構造では、敵に激しく突撃されたときに、軸が壊れてしまいます。とくに、戦国時代の後半になって、鉄砲の撃ち合いが激しくなってくると、敵の攻撃を防ぎきれません。そこで、新時代の戦いにも耐えられるような、新しい強力な門が必要となりました。こうして、日本初の城専用のスタイルとして発明されたのが、渡櫓門や高麗門です。

いかがです？　原理や歴史的背景がわかると、城門もなかなか面白いでしょう？

今度、どこかの城へ行ったら、パズルを解くつもりで城門をじっくり観察してみませんか？

大坂城大手門の門扉は全面鉄板張り。さしづめ装甲高麗門といったところか（笑）。雨の日に行ってみたけれど、門扉は濡れてなかったよ。

諏訪原城（すわはらじょう）（静岡県）に復元された城門。戦国時代までは、こうしたタイプの門が一般的だった。木製の軸と軸受けの構造がわかるかな？（丸印が軸受け）

⑥誰にでも見分けられる天守の違い

天守を見分けるポイントは？

城が大好きな人たちは、テレビや本などに天守の画像が出てくると、松本城《まつもとじょう》だとか、彦根城《ひこねじょう》だとか、福山城《ふくやまじょう》だとか、すぐに当ててしまいます。でも、城をよく知らない人は、なかなか区別がつきません。

城マニアたちは、どこで天守を見分けているのでしょう？　実は、天守の見分け方がわかると、天守そのものを理解することができます。そこで、皆さんにも簡単な見分けるポイントを、いくつか伝授しましょう。

ポイント1…天守のサイズ

まず第一に、サイズの違いがありますよね。3階建てと5階建てでは、一見してサイズが違います。ただ、天守の場合、中2階があって、外見の屋根の数と実際の階数が食い違う場合もあります。

彦根城（滋賀県）天守は3重3階。姫路城や表紙カバーの松本城にくらべると、ぐっとコンパクトな印象を受ける。

そこで、外見の屋根の数を**重**《じゅう》または**層**《そう》、実際の階数を**階**として、「何重何階」のように表します。姫路城や松本城なら5重6階、彦根城は3重3階です。

ポイント2…壁の色

第二に、いろいろな天守を見くらべてみると、壁が白っぽいものと、黒っぽいものがあることがわかります。白は、壁に塗った漆喰《しっくい》の色です。漆喰は、古い民家や土蔵などの壁にも使われていますね。一方の黒は、壁の上に**下見板**《したみいた》という板を張ったもの。板の表面を保護するために漆などの塗料を施して、黒くなるのです。

では、漆喰の白壁と板張りの黒壁と、どういう違いがあるのかというと、実用上の差はほとんどありません。はっきりいって、車を買うときと同じ。ホワイトボディーにするか、ブラックボディーにするか、オーナーの好みの問題です。

というのも、天守の壁は、本当は厚さが数十センチもある土壁なのです。これは、鉄砲を撃ち込まれても壊れないようにするためで、土壁の中には、強度を上げるため小石を混ぜる、という念の入れよう。まるで、戦

姫路城天守は漆喰を厚塗りした美白天守。近年、大修理が行われて美白効果が増したため、城マニアの間では「白鷺（しらさぎ）城ではなく、白すぎ城」といわれた。

艦や戦車の装甲板ですね。

今度、本物の天守の中に入る機会があったら、窓の所に立ってみて下さい。壁の分厚さを実感できるはず。漆喰の白壁か板張りの黒壁かというのは、表面仕上げの問題でしかないのです。

しかも、ほとんどの場合、屋根は瓦葺《かわらぶ》き。実は、戦国時代以前には瓦は高級品で、大きな寺のお堂くらいにしか使われていませんでした。それを城に応用したのは、防火対策です。

ブラックボディーの松本城（長野県）天守は、下見板に漆を塗ったシックな装い。ただし、軒回りは漆喰で塗り込めて、耐火性を高めている。

天守とは、当時の技術で可能な限り、耐火性と耐弾性を追求した建物だったのです。

よく見てみましょう。一見、黒壁の天守も、上の方1／3くらいは漆喰です。しかも、軒下の屋根を支える部材も、しっかり漆喰で塗り込めにしています。軒に火がつくと、建物全体に火が回ってしまうためです。軒回りを漆喰で固めておけば、たとえ板張りの部分に火矢が当たっても、壁の表面が焼けるだけで致命傷にはなりません。

ポイント3…バルコニー

第三の見分けポイントとして、最上階にバルコニーのようなものが付いている天守があります。**廻縁**《まわりえん》と呼ばれるもので、手すりを**高欄**《こうらん》と呼びます。ただし、実際には人が歩くことのできない、なんちゃってバルコニーみたいなものや、高欄だけのものもあります。高欄・廻縁は飾りの意味が強く、付けるかどうかは城主の趣味、ということです。

犬山城（愛知県）天守最上階の廻縁。水はけをよくするため、床板は外側に傾斜している。デザイン重視なので高欄も腰の高さしかなく、歩くとけっこう怖い。

こちらは丸岡城（福井県）天守の最上階。高欄・廻縁があるが、人が歩けるだけの幅はなく、飾りである。彦根城天守の高欄も飾り。

⑦屋根からさぐる天守誕生の秘密

「破風《はふ》」がわかれば天守がわかる

天守を見ていると、屋根に三角の飾り板のようなパーツがはめ込まれている箇所があります。これは、**破風**と呼ばれるものです。破風の種類とレイアウトは、天守を見分ける第四のポイントになります。

まず、破風にはいくつか種類があります。小さな三角のタイプが**千鳥《ちどり》破風**。屋根の端から端まである大きな三角は**入母屋《いりもや》破風**。への字形をした**切妻《きりづま》破風**。曲線タイプは**唐《から》破風**といいます。

用語が立て続けに出てきましたが、無理に暗記しなくても、少しずつ覚えていけば大丈夫。それより、破風の原理をまず理解しましょう。というのも、破風には天守という建物の誕生にまつわる秘密が隠されているからです。

松本城天守。千鳥破風と唐破風を上手にレイアウトして、デザイン上のバランスをとっている。

姫路城天守。側面には、センターラインに入母屋破風と唐破風を交互にレイアウト。高さをうまく演出している。

戦国時代の後半に、城の中心に高層の頑丈な建物を造ったらスゴイぞ、と思い立った人がいたようなのです。とはいっても、もともと日本では、高層建築を造る技術が発達していませんでした。しかも、いつ敵が攻めてくるともしれない乱世のこと、新技術を開発している余裕なんて、ありません。手持ちの技術を応用するしかないのです。

そこで、1階建てか2階建ての建物を重ねて、高く積み上げることにしました。気づいた人もいるかもしれませんが、入母屋と切妻は屋根の形の種類です。つまり、破風とはもともと、屋根の両端の部分。入母屋破風は、入母屋屋根を積み重ねた名残です。

犬山城《いぬやまじょう》の天守を正面から見ると、何となく小顔な感じがします（左ページ下写真）。これは、御殿のような大きな入母屋の建物の上に、小さな物見櫓を載せて造ったからです。このタイプを、**望楼型天守**《ぼうろうがたてんしゅ》といいます。望楼型は、屋根を重ねて建てた天守です。

ただ、天守は大きな建物なので、そのままだとデザイン的に間延びしてしまいます。そこで、屋根の飾りとして千鳥破風、切妻破風、唐破風を付けるようになりました。犬山城の場合、小顔の下の首元がスカスカではカッコ悪いので、唐破風で決めています。

犬山城天守。向かって右の突き出した部分を、入母屋破風ではなく切妻破風としている。あえて破調の美を狙うセンスに、織部焼に通じるものを感じる。

真っ正面から見た犬山城天守。唐破風は、後から追加されたことがわかっている。これがないと、ネクタイをはずしたオジサンみたいで、しまらない感じになってしまう。

一方、日本中で次々と天守が建てられるようになると、技術がこなれてきます。と同時に、効率よく高層建築を組み上げられるような工夫が進みます。こうして天守の構造は、屋根を重ねて建てる方法から、次第に箱を重ねて建てる方法へと転換していきました。

この、箱を重ねるタイプを**層《そう》塔型天守《とうがたてんしゅ》**といいます。層塔型天守には、入母屋破風がありません。構造上必要ないからです。かわりに、千鳥破風、切妻破風、

名古屋城は空襲で焼失。層塔型天守の外観が、鉄筋コンクリートで復元された。千鳥破風や唐破風を自由にレイアウトして、バランスのよいデザインとしている。

唐破風を飾りとして、自由にレイアウトできます。

望楼型と層塔型を見分けるわかりやすいポイントは、入母屋破風があるかどうかです。

また、建物が上すぼまりになる比率のことを、**逓減率**《ていげんりつ》といいますが、層塔型天守は逓減率が一定で、バランスがよいです。箱を重ねて建てるからですね。

天守を見分けるポイントが、飲み込めましたか？

①何重何階か（サイズ）。

②漆喰塗り込め（白壁）か下見板張り（黒壁）か。

③高欄・廻縁付き（バルコニー）かどうか。

④破風、これに関連して望楼型か、層塔型か。

この要素を組み合わせれば、パズルを楽しむように天守を見分けることができます。

ほら、「まえがき」でいったでしょう？ 城歩きは知的パズルだって。

岡山城天守。これも空襲で焼失し、戦後に鉄コンで外観復元。望楼型か、層塔型か、わかるかな？

⑧天守に込められた武将の心意気！

天守はマイノリティだった？

いまさらですが、皆さんにお知らせしなければいけないことがあります。天守は、日本の城の華です。でも、日本全国に数万もあるといわれている城のほとんどには、天守は建っていませんでした！　天守は、本当はまったくのマイノリティだったのです。

もともと戦国時代の城は実用本位で、天守なんかありませんでした。2020年の大河ドラマ『麒麟《きりん》がくる』に出てくる、稲葉山城《いなばやまじょう》みたいな感じです。ところが、戦国時代も半ばを過ぎた頃、城の中心に大きくて頑丈な建物を建てたらスゴイぞ、と思いたった武将が、誰かいたのです。

このスタイルを積極的に取り入れたのが、織田信長でした。1576年（天正4）に、信長が築いた安土城《あづちじょう》には、5重の壮麗な天守が建てられました。

織田信長が天下統一の拠点として築いた安土城。この石垣の上に壮麗な天守が建っていたが、本能寺の変の後の混乱で焼失し、廃墟となった。

同じ頃から、信長の配下の武将たちも、城に天守を建てるようになります。そして、信長や豊臣秀吉の統一事業にともなって、全国各地に天守のある城が築かれるようになったのです。

なので、信長・秀吉の勢力圏外にあった武将たちの城には、相変わらず天守はありませんでした。武田《たけだ》も上杉《うえすぎ》も今川《いまがわ》も北条《ほうじょう》も伊達《だて》も、毛利《もうり》も長宗我部《ちょうそかべ》も大友《おおとも》も島津《しまづ》もです。

ではなぜ、城に天守を建てるようになったのでしょう。天守とは、そもそも何なのでしょう？

天守とは城主の権威・権力を示す

ための建物だ、という人がいます。でも、この考え方は、残念ながら間違っています。というのも、武家社会というのは家格による序列が厳格に定められている社会だからです。部屋の中で座る場所だって、畳1枚単位で決まっています。しかも、武士という人種は、相手からナメられることをとても嫌います。

そんな社会で、権威・権力を示すための建物を造るとしたら、城主の石高や家格によって、サイズやスタイルが決まってくるはずですよね。

ところが、天守のサイズやス

名古屋城の本丸御殿と天守。両方とも空襲で焼失したが、戦後になってコンクリートで天守が、最近になって木造で御殿が復元された。ただし、名古屋城の本丸御殿は将軍の宿泊用で、城主の御殿は二ノ丸にあった。この場合、城主の権威を示す建物は？

タイルと、石高や家格との間には、まるで相関関係が見つかりません。江戸時代の大名ビッグ3、つまり加《か》賀《が》の前田《まえだ》家、薩摩《さつま》の島津家、仙台の伊達家だって、天守を建てていません。

それどころか幕府自身も、1657年（明暦3）に江戸《えど》城《じょう》の天守が大火で焼けてしまうと、「もう天守なんか建てている時代じゃないや」と、再建をやめてしまいます。

もし、天守が権威・権力を示すための建物だとしたら、何が何でも再建しなければ、将軍の威信は地におちてしまいます。前田家・島津家・伊達家だって、格下の大名たちに示しがつきませんよね。

天守を載せる石垣を天守台という。江戸城の天守が火災で焼失した後、天守台は築き直されたが、天守そのものが建てられることはなかった。

もうひとつ、知っておきたいのが、城全体の構造です。日本の城は総じて、中心部に行けば行くほど守りが固くなる、という特徴を持っています。まず、外回りで敵を迎え撃ち、防ぎきれなくなったら内側の区画に退いて、抵抗をつづける。これを繰り返しながら、少しでも長く持ちこたえようとする。それが、日本の城の構造的特徴です。

姫路城の中心部へ向かうと、高い石垣に沿って通路が何度も折れ曲がり、まるで迷路のようである。櫓も密集していて、なかなか天守に近づけない。

ドーンとそびえる松本城の天守。ラスボス感、あるよね。

こうした構造をもつ城の中心にそびえるのが、天守です。なので天守とは、少しでも長く城を持ちこたえさせるための、城内最大にして最強の戦闘用建物なのです。たとえていうなら、倒すのにやたらと手間のかかる、ゲームのラスボスのようなものです。

だからこそ天守は、デザインに気をつかっているのです。だって、武将が最後に命を託す建物なのですから。カッコよくなければ、武士として許せないのです！

弘前城（青森県）天守は、最北にある現存天守。本当は本丸の隅にある天守台に載っているのだが、石垣修理工事のため、「曳き屋」という工法によって、そのまま移動して、本丸のど真ん中にお引っ越し中。実際に見ると、地面に天守がポコンと置いてあって、ちょっと不思議な光景。

⑨天守は最強の戦闘施設

現存天守は12のみ

城のことをよく知らない人の中には、殿様は天守に住んでいた、と思っている人がいます。でも、本物の天守に入ってみると、中は薄暗くて、梁《はり》などの構造材がむき出しで、床も板張りのまま。まるで倉庫のようで、殿様が住んでいた建物とはとても思えません。

おまけに、階段がとても急です。天守はもともと、戦闘用の建物だからです。階段が急なのも、敵が登ってきにくいようにするため。それと、建物の中を戦闘区画として少しでも広く使うためです。ですか

備中松山城（岡山県）天守。天守の入り口に付属する付櫓（つけやぐら）から、天守本体に上がる部分だが、階段は急でハシゴみたい。スカートはおすすめしない。

松本城天守の石落。袋みたいな張り出しの、下の所が開くようになっている。四角い小窓みたいなものが狭間。

ら、女子の皆さん、天守のある城に行くときは、スカートはおすすめできません。

こうしたわけで、天守には戦闘用の装備がいろいろと付いています。たとえば、**狭間**《さま》という小さな窓のようなものが、あちこちに開いています。鉄砲や弓で射撃するための、いわば銃眼です。

また、壁の隅や要所に、袋のような形の張り出しが付いているものもあります。これは、**石落**《いしおとし》と呼ばれる装備。その名前から、石を落とすための装備と思われがちですが、実際は下に向かって弓・鉄砲で射撃するための装備です。天守は天守台という石垣の上に載っていて、足元が死角になるからです。壁の一部を出窓のように張り出させて、その下を石落にしている例もあります。

さらに、犬山城や姫路城では、天守内部の一角に畳敷きのVIPルームがあります。籠城になったときのための、城主の部屋です。天守は、城内でいちばん高い建物ですから、戦いのときには司令塔になります。城主が天守の中に詰めていれば、いつでも作戦会議が開けますよね。

内側から見た松本城の石落と狭間。遠くの敵は狭間から撃ち、足元にもぐられたら石落から撃つようになっているのがわかる。真下に来たら石を落としてもいいんだけどね。

こうした戦闘用の装備は、古いスタイルの天守には満載ですが、新しい時期の天守では省略されるようになります。江戸時代に入ってしばらくすると、戦争の心配がなくなってくるからです。

天守について、もうひとつ、知っておいてほしいことがあります。

実は、昔からそのまま残っている本物の天守は、全国にたった12棟しかありません。弘前城《ひろさきじょう》、松本城、犬山城、丸岡城《まるおかじょう》、彦根

犬山城天守の内部。薄暗く、殺風景で、倉庫みたいだ。実際、天守はふだんは武器庫などになっていることが多かった。住んでみたい？

城、姫路城、備中松山城《びっちゅうまつやまじょう》、松江《まつえ》城《じょう》、丸亀城《まるがめじょう》、伊予松山城《いよまつやまじょう》、宇和《うわ》島城《じまじょう》、高知城《こうちじょう》。

江戸時代には、たくさんの天守がありましたが、明治になって廃藩置県が行われた結果、じゃまもの扱いされて、次々に取り壊されていきました。

熊本城の天守は、西南戦争で焼けました。また、第2次大戦の空襲では名古屋城、大垣城《おおがきじょう》、和歌山城《わかやまじょう》、岡山城《おかやまじょう》、福山城などの天守が焼失し、広島城《ひろしまじょう》の天守は原爆で吹き飛びました。

大垣城（岐阜県）の外観復元天守。空襲で焼失し、戦後に鉄筋コンクリートで外観復元された際、観光用に窓を大き目に造ってしまった。最近になって窓が修正され、実物に近い外観になった。

これらのなかには、戦後になってコンクリートで外観が復元された天守もあります。

復興天守といって、考証的にはあやふやながらも、コンクリートでそれらしく造ったものもあります。なかには、もともと天守のなかった場所に、史実を無視してコンクリートで建ててしまった例もあります。これは、模擬《もぎ》天守と呼ばれます。

復興天守や模擬天守でも、天守っぽい雰囲気は味わえますが、やはり本物ではありません。くらべてみると、現存天守の方が細部までデザイン上の配慮が行き届いていて、戦う建物ゆえの美しさが備わっています。

なので、たった12棟の現存天守は、アイドルグループの超選抜メンバーみたいなものです。

日本の、かけがえのない宝ですよね！

織田信長の居城だった清洲城（きよすじょう）（愛知県）。城の遺構は残っていないが、お城感がほしかったのか、本丸ではない場所にコンクリ模擬天守を建てている。何となく犬山城のパチもんっぽい。

小田原城（神奈川県）の復興天守。本物の天守は明治維新で取り壊され、1960年に資料を参考に、コンクリートで「らしく」建てられた。

⑩意外に奥深い櫓の世界

櫓は「武器庫」だった？

　城に詳しくない人でも、下の写真がどこかは、わかりそうですね。というか、見覚えのある景色。そう、皇居、つまりは江戸城です。この写真の右側に写っているのが、江戸城の巽《たつみ》櫓です。

　城にある、このような建物を**櫓**と呼びます。城に建っている櫓には、いくつかのタイプがあります。まず、最初にあげた江戸城巽《たつみ》櫓のようなタイプを、**隅櫓**《すみやぐら》と呼びます。石垣の隅に建っているから隅櫓……まんまですね。

　次に、石垣の縁に建っている、長屋のような形の

江戸城巽櫓。

江戸城本丸に残る富士見多門櫓。石垣の上に細長く建つ多門櫓は、鉄砲を撃つためのプラットフォームとして最適だ。

櫓を**多門櫓**《たもんやぐら》（多聞櫓とも）と呼びます。こちらは、名前の由来はよくわかりません。あと、櫓どうしをつなぐように建てられた、廊下タイプのものを**渡櫓**《わたりやぐら》と呼びます。櫓の用語で、覚えておいた方がいいのは、この3つくらいです。

さて、櫓は、矢倉・矢蔵と書くこともあるので、もともと武器庫だったと思っている人が多いのですが、そうとは限らないようです。「くら」という語に当たる字としては、坐や座もあるからです。最近、即位礼で話題になった、高御座《たかみくら》も同じですね。「やぐら」とは、「矢坐（座）」。つまり、矢を射るためのプラットフォーム、ではないかと、僕は考えています（この説には異論もあります）。

戦国時代の城では、盆踊りに使うような、丸太を組んで建てた**井楼櫓**《せいろうやぐら》が、よく使われていました。この構造では、武器庫には不向きです。

ただ、普段は見張り場として使うので、何か起きたときのために、即応用の弓矢を備えておく必要があります。そこで、「やぐら＝弓矢を置いておく場所」という意味から、矢倉の字が当てられるようになったのでしょう。

ところが、戦国時代の後半になって鉄砲がさかんに使われるようになると、盆踊りタイプの井楼櫓では、敵の攻撃を防ぎきれなくなってきました。そこで、分厚い土壁と瓦葺きの屋根を備えた、新しいタイプの櫓が登場してきます。耐弾性・耐火性にすぐ

名古屋城の城内に井楼櫓が建っていた。これは、大相撲名古屋場所用に臨時で建てられたもの。戦国の城にもこんな感じで建っていたのだろう。

れた、重装甲の戦闘用建物です。

でも、あれ？　この説明、どこかで聞いたような……。そうです、天守です！　櫓は、基本構造は天守と同じ。狭間や石落などの戦闘用装備が付いているのも、同じです。天守と櫓は兄弟なのです。

では、どちらが兄で弟かというと……、どうやら、生まれた順番は、多門櫓→天守→隅櫓のようです。まず、石垣の上から鉄砲を撃ちかけるための戦闘施設として多門櫓が発明され、この技術をベースに、城のラスボス的な高層建築として、天守が生まれました。

そして、城の防禦力を高めるために、城内の要所要所に天守のミニ版を建てよう、ということになって、隅櫓が普及したようです。天守がラスボスなら、ステージごとのボスキャラが隅櫓、といったところでしょうか。

なので、よく見ると、隅櫓にはキャラの立ったデザインのものが、けっこうあります。城を歩きながら、櫓１棟１棟の個性を愛でるのも、また一興です。

松本城。中央の大天守と向かって右の小天守をつなぐ部分が渡櫓。

おすすめ櫓コレクション

下の写真は、JR明石駅のホームから見た明《あか》石《し》城《じょう》。向かって右が巽櫓、左が坤《ひつじさる》櫓。一見、双子のようですが、よく見るとデザインが違っています。右の巽櫓の方がスッキリ系、左の坤櫓の方が目鼻立ち濃いめの顔立ち。

櫓は、天守に比べると派手さに欠けるかもしれません。でも、よく見ると、城ごとに、あるいは1棟1棟に意外に個性があります。

ここでは、全国の城の中から印象的な櫓を紹介します！

明石城（兵庫県）。

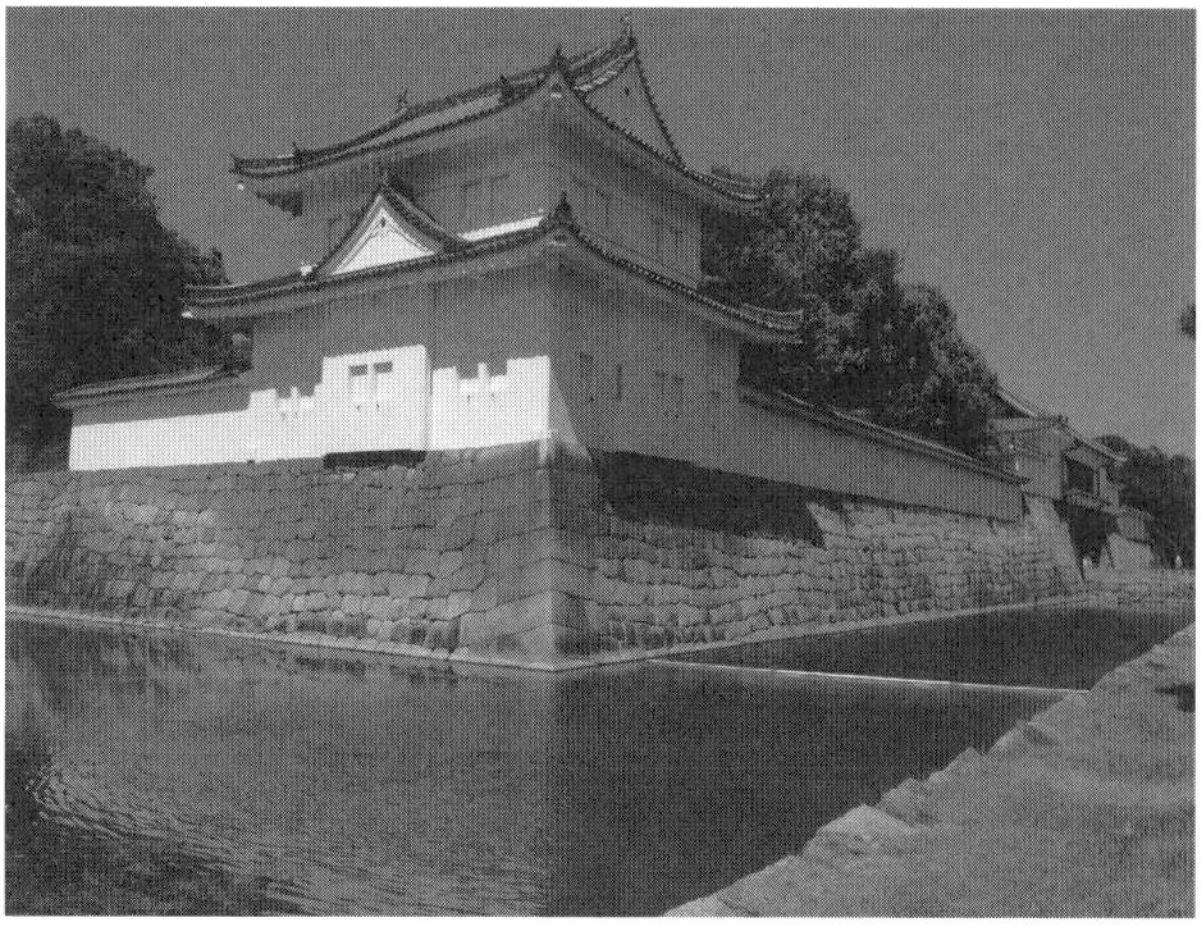

No.1二条城東南隅櫓
二条城に２棟残っている櫓の一つ。62ページで紹介した江戸城の巽櫓と似た感じのデザインですが、こちらの方が「はんなり」して京美人風。

No.２名古屋城清洲櫓
清洲城天守の古材を利用して建てられたとの伝説がある、堂々たる２重櫓。デザインにも名古屋城天守と共通性を持たせているので、ボスキャラ感がありますね。

No.3 大坂城千貫櫓
大手門を横から睨む戦闘力抜群の2重櫓。かつてこの場所に「あの櫓を落としたら千貫分の手柄」といわれた櫓があったとか。城はその後、徳川幕府によって造り替えられましたが、やはり同じ場所に櫓が建てられて、千貫櫓の名がついたそうな。

No.4 大坂城乾櫓
多門櫓をＬ字形に組み合わせたような個性的デザインで、千貫櫓に負けじと存在感をアピールする、俺様キャラ。ちなみに、乾（いぬい）・巽・坤などは、いずれも方位を示す言葉。

No.5上田城西櫓（長野県）
上田城の本丸に3棟残っている櫓のひとつ。他の2棟は明治以降、民間に払い下げられて城外に移築された後、元の場所に戻された「出戻り」ですが、この西櫓だけは昔から同じ場所。ずっと家を守ってきた三姉妹の長女みたいで、健気。

No.7岡山城月見櫓
外側から見ると堂々たる3重櫓なんだけれど、内側は3重目を開け放してお月見用の宴ができるという、変わり種の櫓。隣にある天守は空襲で焼けてしまったのだけれど、月見櫓は奇跡的に残りました。

No.6弘前城丑寅櫓
弘前城には天守の他に3重櫓が3棟も残っていて、その一つが丑寅（うしとら）櫓。弘前城の天守・櫓は、いずれも屋根が銅板葺き。豪雪対策として銅板葺きにしたのでしょうが、この工法は金がかかるので、櫓まで銅板で葺いているのは江戸城と弘前城くらいなもの。そこは津軽藩の財力？　それとも東北人の意地？

No.8日出城鬼門櫓
「鬼門（きもん）」とは、悪いものが出入りするとされた方角。日出城の鬼門の方角に建てられた櫓で、魔除けのおまじないとして、斜めに隅切りされています。江戸時代になって平和が続くと、敵の攻撃より魔物の方が怖くなるらしい。でも侍って、もともと命のやりとりをする仕事だから、ゲンかつぎは大切なのかも。

№9臼杵城卯寅口門脇櫓
（大分県）
臼杵城・日出城・府内城・佐伯城など、大分県には櫓や門、石垣の残りのよい城が多いのです。この卯寅口門脇（うとのぐちもんわき）櫓は、本丸の後ろにポツンと離れて建っていて、鉄砲の火薬庫として使われたようです。ぼっちは、防火対策だったのですね。

№10熊本城宇土櫓
4重5階という日本最大の櫓で、なまじな天守より迫力があります。写真右手に続いていた塀は、先年の熊本地震で倒壊し、宇土（うと）櫓もダメージを受けて、ゆがんでいます。熊本城の復旧というと、天守と石垣に注目が集まりがちですが、日本城郭史からすれば、宇土櫓は熊本城でもっとも貴重な遺構。これから、この櫓の手当をどうするか、復旧の正念場といえそうです。

いかかです？　どの櫓も、それぞれに個性があって面白いでしょう？　今度どこかの城で櫓を見かけたら、じっくり眺めてみて下さいね。

第2章

chapter.2

戦いの中で進化した日本の城

① 城のはじまり

日本最古の城は弥生時代の環濠《かんごう》集落

第1章で、城を見るポイントが、おおまかにわかったでしょうか。ポイントがつかめてくると、城が歴史とともに進化をとげてきたことも、何となく見えてきたと思います。城は、やはり歴史的存在なのです。

そこで、この章では日本の城の歴史について、ザックリお話しましょう。これも、読んで「ふーん」と思えれば大丈夫です。ポイントとなる用語を太字にしておきますので、後で気になったときに読み返して、「そうそう、そうだったかな」と確認すればOKです。

さて、城とは敵を防ぐための施設、つまりは戦争のために築かれるものです。では、戦争とは何でしょう? 戦争では、おおっぴらに人が殺されたり、傷つけられたりします。人類史的に見るなら、ケンカや殺人事件などは、大昔の石器時代からありました。

吉野ヶ里遺跡。弥生時代の環濠集落は、歴史的には日本の城の源流といえる。ただし、環濠集落の築城技術が、そのまま古代や中世の城に受け継がれていったわけではない。

でも、殺人やリンチは暴力ではありますが、戦争とは違います。戦争とは、人を殺傷する専用の道具＝武器を使って、組織的に行使される暴力のことです。戦争のはじまりは、地域によって違いますが、考古学では、武器と**環濠集落**が発生したことを目安として、戦争がはじまった、と見なすのが普通です。

環濠集落とは、文字どおり、まわりに濠（＝堀）をめぐらせたムラのこと。敵を防ぐための施設を手間ヒマかけて、組織的に造っているわけです。なので、武器と環濠集落というふたつの物証が見つかれば、戦争がはじまったことがわかるのです。
日本で、このふたつの物証が揃うのは、弥生時代からです。弥生時代には、稲作農耕が広まるとともに、金属製の剣や鉾《ほこ》、大型の鏃《やじり》といった武器が使われるようになりました。これと併行して、各地に環濠集落が営まれるようになります。

ではなぜ、弥生時代に戦争が始まったのかというと、理由はいくつか考えられますが、はっきりした見方は定まっていません。ここでは、われわれの祖先は弥生時代になってから、戦争という行動パターンを選ぶようになった、とだけ言っておきましょう。
弥生時代にはムラどうしが戦いながら、次第に大きなまとまり＝クニができてゆきました。やがて、古墳時代に入り4世紀頃になると、そうしたクニの中から大和政権が生まれて、全国に勢力を広げてゆくようになります。古代国家の誕生です。

ここで、知っておいていただきたいことがあります。日本における国家形成は、日本列島という閉じた空間の中だけで起きたわけではない、ということです。弥生時代からのちの国家形成は、朝鮮半島の情勢と密接にかかわって起きた動きでした。

当時の朝鮮半島は、百済《くだら》・新羅《しらぎ》・高句麗《こうくり》などの国に分かれて争っており、日本はしばしば援軍を送っていました。ところが、7世紀になると大陸では唐の勢力が強大になります。半島では、唐と結んだ新羅が次第に優勢になって百済が滅ぼされ、百済と関係の深かった日本は、多くの亡命者を受け入れることになります。

そして、663年には百済の亡命政府を助けて半島に大軍を送り込むのですが、白村江《はくそんこう》の戦いで唐・新羅連合軍に惨敗してしまいました。

この事件が、日本の古代史に、とても大きなインパクトを与えることになったのです。

column

神奈川県横浜市の大塚遺跡。大がかりな発掘調査にもとづいて、弥生時代の環濠集落が再現されている。たくさんの竪穴住居を囲むように濠が掘られ、外側には土塁と柵がある。

考古学とは

古代史の解明には考古学的知見が欠かせません。発掘調査でめざましい発見があると、ニュースや新聞でも大きく取り上げられます。「日本最古の○○を発見！」「○の出土はわが国はじめて！」などなど。でも、考古学とは膨大なデータをもとに、地道な検証を積み重ねて、はじめて事実が浮かび上がってくる学問です。メディアはセンセーショナルに報道しがちですが、決してひとつの発見で歴史が塗り変わるわけではありません。

②古代国家と城

唐や新羅に対抗するために築かれた城

白村江の戦いで惨敗した日本は、唐・新羅連合軍の侵攻に備えなくてはなりません。そこで、亡命百済人たちの技術力を借りて、九州から瀬戸内一帯に防衛施設が築かれることになりました。この防衛施設を、**朝鮮式山城**《ちょうせんしきさんじょう》と呼んでいます。大和政権の九州総支局である大宰府《だざいふ》を防衛するために、**水城**《みずき》という巨大な陣地も築かれました。

そして、白村江の敗戦や防衛施設の建設と平行するように、大和政権の内部にも大きな動きが生じます。壬申《じんしん》の乱が起き、大宝律令《たいほうりつりょう》の制定が進んで、律令国家と呼ばれる体制が成立するのです。

それまでの大和政権は、昔ながらの豪族連合のような体制でした。この体制を、唐の制度をお手本にして、天皇に権力を集中させる支配体制に作り替えようとしたのです。唐や新羅に対抗するために、日本もグローバルスタンダードな体制へと移らざるをえなかった、

鬼ノ城(きのじょう)(岡山県)は、全長2.8kmもの城壁を山の上にめぐらせた壮大な城で、発掘調査にもとづいて古代山城の景観が復元されている。奥に瀬戸内海が見える。

と考えればわかりやすいでしょう。

さて、大和政権から律令国家へと脱皮しつつあった日本の古代国家は、新羅・唐との戦争に備える一方で、東北地方にも支配を広げようとしました。当時の東北地方には、大和政権には従わない、別の文化をもった人々(蝦夷《えみし》)が住んでいたからです。

そこで、東日本の各地から入植者を集め、軍団といっしょに先住民の土地に送り込んで軍政をしきます。そうして、先住民の抵抗がおさまった地域から少しずつ、律令による支配体制に組み入れていったのです。

早い話、侵略ですね。

この侵略の前線基地として築かれたのが、**城柵**《じょうさく》と呼ばれる施設でした。城柵は、山城とは違って、平地やなだらかな丘の上に占地しています。内部の建物の造りや並び方も地方支配用の役所に似ているので、**城柵官衙**《かんが》とも呼びます。官衙とは、役所の意味です。

とはいえ、城柵は土塁《どるい》（防禦用の土手）や高い塀に囲まれていて、櫓や櫓門も備えています。もっとも大事なポイントは、中にいたのが文官の役人ではなく、司令官に率いられた軍団だとい

多賀城（宮城県）。８世紀、律令国家が蝦夷を支配するための軍事拠点として設置。平時は陸奥国を治める国府として機能した。（写真／フォトライブラリー）

うことです。侵略のためのベースキャンプという意味では、東北の古代城柵は、まぎれもなく城でした。

さて、律令国家が築いた朝鮮式山城も東北の城柵も、平安時代に入ると、軍事基地としての役割が弱まってきます。日本が朝鮮半島に介入しなくなった結果、新羅や唐が実際に攻めてくる怖れがなくなったからです。

9世紀の後半になると朝鮮式山城には、わずかばかりの番人を置くくらいになりました。東北地方へも支配が浸透して、10世紀の後半には城柵もすたれてしまったようです。

こうして、外国から攻められる心配がなくなり、自分たちの侵略も一段落すると、国家として軍事力を持っていることの意味そのものが、なくなります。そこで、平安時代の日本は、国家として軍隊を持つことをやめてしまいました。

もちろん、地方では治安が悪くなることもありますし、海の向こうから海賊みたいな連中がやってくることもあります。でも、そのくらいなら、地方豪族の中で腕に覚えのある者たちを、そのつど集めて送り込めば、ことたります。平安王朝は、国で武力を管理するのをやめて、必要なときだけ民間に武力をアウトソーシングする政策に転換したのです。

この結果、戦いを専門とする人たちが生まれてきました。武士と呼ばれる人たちです。

ところで、ここまで説明してきた弥生時代の環濠集落や、古代の朝鮮式山城、東北の城柵などが、少しずつ進化しながら、私たちのよく知っている「お城」になるわけではありません。これらは、造られた時代も、使われている技術も、まったく別モノで、つながりがないからです。

朝鮮式山城と城柵は、同じような時代に築かれていますし、土塁や建物などのパーツには似たような技術も用いられています。でも、できあがった城は、まったく異なる形になっています。城は戦いのための施設なので、想定している戦いのあり方によって、城の形や築き方が違ってくるからです。

column

「やまじろ」と「さんじょう」

「山城」は普通「やまじろ」と読みますが、「古代山城」「朝鮮式山城」の場合は「さんじょう」と音読みします。古代の城は、朝鮮半島や中国との密接な関係から生まれたものなので、あちらとの比較検討が、研究を進める上では不可欠になってきます。古代の中国や朝鮮半島では、都を城壁で囲んだ都城（とじょう）、町を囲んだ邑城（ゆうじょう）などが、たくさんありました。これらを漢語風に音読みするので、古代史では「山城」も同じように「さんじょう」と音読みするのが習わしとなったのです。

鞠智城（きくちじょう）（熊本県）。九州防衛のために築かれた山城だが、他の山城より低くなだらかな地形なので、城内は広い。発掘調査でたくさんの建物跡や貯水池が見つかり、一部の建物が復元されている。

③中世の城

城を築いた人たち・築かなかった人たち

平安時代の後半になると、地方では武士が次第に実力を蓄えてきます。彼らは、しばしば土地や利権、あるいは名誉をめぐって争いましたが、本格的な城は築きませんでした。なぜかというと、国家が武力を民間にアウトソーシングしてしまった社会だからです。土地・利権や名誉をめぐる武士たちの戦いは、個人対個人、家対家が基本。ライバルさえ討ち取ってしまえば決着するので、城を築く必要がなかったのです。

では、平安時代には城らしいものがまったく築かれなかったかというと、そうでもありません。東北地方の北部では、城柵官衙がすたれるのと入れ替わるように、濠で囲まれた集落が現れるのです。これらは、防禦性集落と呼ばれています。

防禦性集落の存在は考古学的調査によってわかってきたもので、当時の記録には出てきません。

小山田遺跡（東京都町田市）。多摩ニュータウン開発の際に見つかった遺跡が、史跡公園として整備されている。平安末〜鎌倉時代の武士たちは、このような場所に屋敷を構えて住んでいた。

なので、何者が何のために築いたのか、はっきりしたことはわかりません。ただ、どうやら中央の記録には残らないような戦いが、この地方ではおきていたらしいのです。そうした戦いの結果として、奥州藤原氏《おうしゅうふじわらし》が東北地方の覇権を握ることになったのでしょう。

この次に「城」が登場するのは、平安時代のいちばん終わり頃です。平氏《へいし》政権への不満が高まって各地で反乱が起き、源頼朝《みなもとのよりとも》や木曾義仲《きそよしなか》が兵を挙げて平氏を滅ぼし、鎌倉幕府が打ち立てられる内乱の時代。わかりやすくいえば、源平《げんぺい》合戦の時代ですね。

ただ、この時代に「城」と呼ばれていた施設は、皆さんがイメージする城とは、だいぶ様子が違います。軍勢が集結する陣営や、敵を迎え撃つための野戦陣地、街道を封鎖して敵を待ち受けるバリケードのような施設が、この時代には「城」「城郭」と呼ばれていました。中には、反政府勢力のアジトを指して「城郭」といっている場合もあります。

というのも、この時代の合戦は騎馬武者《きばむしゃ》どうしの個人戦が中心だったからです。何百、何千という軍勢がぶつかりあっても、戦場のあちこちで1対1の騎馬戦が行われているようなものです。いくつもの部隊を組織的に動かしながら、駆け引きを行うような戦い方ではないので、その場かぎりの防禦施設を築けば充分でした。

とはいえ、臨時の戦闘施設だから、小さくて粗末なものだったとはかぎりません。1189年（文治5）に、源頼朝の率いる鎌倉軍が東北地方に攻め入ったときのこと。奥州藤原氏は、阿津賀志山《あつかしやま》というところに、幅15mの堀を二重に築いて迎え撃った、と当時の記録にあります。幅15mの二重堀とは、かなりな大きさで

阿津賀志山防塁（福島県国見町）。奥州藤原氏が鎌倉軍を迎え撃つために築いた堀と土塁。現在、厚樫（あつかし）山と呼ばれている山の中腹から阿武隈川にかけて、延長約3.2キロにわたって断続的に堀と土塁が残る。鎌倉軍は激戦の末、この防塁を突破して藤原氏を滅ぼした。

すが、この二重堀は今でも福島県の国見町一帯に残っていて、記録通りの規模です。

また、1274年（文永11）には、モンゴル族によって建てられた元《げん》の大軍が、九州北部に攻め寄せました。文永の役、いわゆる蒙古襲来《もうこしゅうらい》です。このとき苦戦した鎌倉幕府は、博多湾一帯に石造りの防塁を築かせて西日本の武士たちを警備に当たらせました。当時の史料はこの防塁を「石築地《いしつきじ》」と呼んでいます。

はたして1281年（弘安4）、元は再び大軍を動員して攻め寄せましたが、鎌倉武士たちは防塁をうまく使って奮戦し、ついに元軍の上陸を許しませんでした。この石築地は、いまも博多湾付近に断続的に残っています。

おわかりでしょうか？　戦いが個人対個人、家対家の次元を超えて、組織同士による広域的・長期的なものなると、本格的な築城が必要になってくるわけです。

column

都市伝説の城

東京・渋谷の街中にある金王八幡宮は、中世にこの地を治めた渋谷氏の居城跡と伝えられている。でも、地形を観察すると小山田遺跡や上浜田遺跡と同じ屋敷跡で、城としては守りようのない地形である。平安～鎌倉時代にさかのぼる築城伝説は、「都市伝説」のようなものがほとんど。とくに、東京（江戸近郊）には、都市伝説のような言い伝えが多いので、あまり真に受けない方がよい。

④戦国乱世の城

戦国時代の城は使い捨て

南北朝時代に入ると、もう少し本格的な城が築かれるようになります。日本のあちこちで、武士たちが幕府方と朝廷方、北朝方と南朝方に分かれて戦うようになるからです。

といっても、この時代の城はまだまだ土造り。土地を平らにならしてスペースを造り、必要な場所に空堀を掘り、柵や木戸を設けたような城です。こうした素朴な城が、戦いのたびに必要に応じて築かれ、戦いが終われば用済みになりました。

様子が大きく変わるのは、室町時代の後半、15世紀の半ばくらいからです。まず、１４５４年（享徳３）に関東地方で享徳《きょうとく》の乱という大きな内乱が起き、１４６７年（応仁元）には京都で応仁の乱が始まります。室町幕府の統制力は失われて、各地の勢力が、たがいに実力で領地を支配しようとする、戦いの時代に突入します。戦国時代です。

日本全国にある城の総数は、４万とも５万ともいわれていますが、そのほとんど、おそ

井出の沢古戦場跡（東京都町田市）。南北朝時代の古戦場ひとつ。写真右手の道路はかつての鎌倉街道だ。街道を進んでくる敵を迎え撃つため、小高い丘の上に陣を置いていた様子がわかる。

小野路城（おのじじょう）（東京都町田市）。戦国時代のはじめ頃に築かれたと推定される城。古道が走る丘の上に堀や曲輪が残っているが、何も知らないとタダの丘や雑木林にしか見えない。

らく80〜90%くらいは、戦国時代に築かれたものです。

なぜ、そんなにもたくさんの城が築かれたかというと、答えは簡単で、たくさん戦争をしたからです。

日本のあちこちで、いろいろな勢力が入り乱れて戦うと、情勢が複雑になります。すると、戦いの様相も複雑になって、作戦上の駆け引きが大切になってきます。

たとえば、前線に大軍をずっと張り付けておくと、兵たちが疲れてしまうし、兵糧《ひょうろう》の補給も

戦国史ファンには上杉景虎が自刃した城として知られる鮫ヶ尾城（さめがおじょう）（新潟県妙高市）。戦国時代には、このような山城が日本中に多数築かれた。城に登ってみると、山の上に曲輪や空堀がいくつも残っている。写真は空堀を写したカットなのだが、わかるかな？

大変です。主力部隊はいったん後ろに下げて、前線は少人数でしばらく持ちこたえたい。本拠と前線の間があいてしまったら、途中に中継基地もほしくなります。

本隊が敵の主力とにらみ合っている間に、山あいの抜け道をとおってきた敵の別働隊に、横あいを衝《つ》かれたりするのも困ります。部隊を出して、抜け道を警戒させなくてはなりません。送り込まれた部隊は、敵をいち早くキャッチできるように、道を見下ろせる山の上に陣取ります。そして、夜討ちを食らったりしないように、敵を防ぐ工夫をします。

これが、築城になります。

ですから、戦国の城造りは、大急ぎ。どんなに立派な城を計画しても、できあがる前に攻められたのでは、意味がありません。明日、攻めてくるかもしれない敵に備えて、取りあえず防げるようなものを造る。それが、戦国の築城です。

使うマテリアルも技術も、その場で調達できるものが基本となります。前線では、石工や大工といった、専門の技術者を呼んでくる余裕もありません。現地にいる兵たちと、せいぜい動員した農民くらいで、作業をこなさなくてはならないのです。

一方、具体的な任務のために築かれた城は、任務が終われば役目も終えます。戦いの局面が変われば、別の場所に新しい城が必要になります。こうして、さまざまな城を築いては捨て、築いては捨て、と繰り返していった結果、日本全国に何万もの城跡が残されることになったのです。

こんなふうに書くと、戦国の城は使い捨ての紙コップみたいな、ちゃちなものだと思うかも知れません。でも、考えてもみて下さい。いくら使い捨てとはいっても、簡単に落とされるようでは、生き残ることができませんよね。

名胡桃城（なくるみじょう）（群馬県みなかみ町）。北条氏と真田氏が奪い合った最前線の城。曲輪の中には、発掘調査で見つかった建物跡が表示されている。この建物は柱の並びから見て、兵舎か倉庫だろう。戦国武将たちは、こうした土の城を命がけで守り、奪い合ったのだ。

限られた時間と手間で、限られた材料と技術を使って、簡単に落とされない城を築くにはどうするか。プランニングを工夫するしかありません。なので、土造りの戦国の城は、パッと見はタダの山か雑木林のようで地味ですが、よく見ると、実戦的な工夫がこらされたものが多いのです。（第3章の⑥や⑨で詳しくお話しします）

山中城（静岡県三島市）。空堀で囲まれたいくつもの区画が、複雑に配置されている。小田原の北条氏が築いた城。1590年（天正18）に豊臣秀吉が北条氏を攻めた際には激戦が展開し、この場所で多くの将兵が命を落とした。

⑤ 天下統一と城

作戦基地から占領軍司令部へ

城とは本来、戦いのための軍事施設です。でも、お殿様が住んでいて政治をする場所、というイメージを持っている人、多いですよね。なぜ、そういうイメージができたのでしょう?

乱世がつづくうちに、各地の地方予選を勝ち上がって、広い領地を治める有力な戦国大名が出現してきます。こうなると当然、戦争の規模も大きくなり、動かす兵力も必要な物資の量も大きくなります。となれば、作戦基地として使う城は大型化します。

彼らが戦いに勝つと、領地が広がります。そこは占領地ですから、作戦司令官が占領司令官として、そのまま軍政を敷いて治めることになります。つまり、前線の大きな作戦基地が、そのまま行政府になるのです。

占領軍司令部を新しく設ける場合も、大きくて頑丈な城にしなければなりません。占領地で反乱が起きても、本国からの援軍が来るまで持ちこたえなくてはならないからです。

小机城（神奈川県横浜市）の空堀。写真に写っているのは谷ではなく、すべて人力で掘削された空堀で、幅は20mを超える。北条氏が前線基地として築いた城だが、領国が広がるにつれ、この地域を支配する政庁としての性格を強めていった。

もともとは軍事基地だった城が、役所としての役目も果たすようになるのです。

こうした中で、急速に頭角をあらわしてきたのが織田信長です。1568年（永禄11）、信長は足利義昭《あしかがよしあき》を奉じて京にのぼり、室町幕府を立て直そうとします。しかし、信長の周囲には敵対する大名たちがひしめいていました。おまけに、せっかく新将軍に立てた義昭とも不仲になり、義昭は各地の大名たちに呼びかけて、信長を倒そうとします。

四面楚歌《しめんそか》になった信長は、配下の有力な武将たちを各方面に派遣します。何とか彼らに戦線を持ちこたえさせながら、機を見て反撃に出るしかありません。織田軍は、強力な城を築く必要に迫られました。

ただ、このときの信長には、「武器」になるものがありました。京都とその周辺、つまり日本でいちばん経済力と技術力のある先進地域を押さえたことによって、高度な土木・建築技術を築城に応用できるようになっていたのです。

信長と配下の武将たちは、新しいスタイルの城を築くようになりました。敵が簡単には登れないような高い石垣の上に、燃えにくく頑丈な射撃用の建物を載せた城です。この城のスタイルは、信長が本能寺の変で倒れたあと、羽柴《はしば》（豊臣）秀吉と、かつての信長の部下だった武将たちによって、引きつがれることになります。

耐火性・耐弾性にすぐれた重量建物を高石垣の上に乗せる方式は、戦国末期における最新式の築城技術だった。信長・秀吉と配下の武将たちは、こうした織豊系城郭を征服地に築いていった。写真は松江城（島根県）。（写真協力／Ogi）

ところで、歴史学では、織田・豊臣を合わせて**織豊**《ほうしょく》と呼びます。安土・桃山時代のことを「織豊期」、信長・秀吉政権を「織豊政権」、信長・秀吉の配下の大名を「織豊系大名」などと、呼んだりします。

城の場合も、織豊系大名が築いた城を**織豊系城郭**と呼んでいます。つまり、私たちがよく見知っている、高石垣と天守を備えたタイプの城は、厳密な言葉づかいをするなら、織豊系のスタイルで築かれた近世の城＝織豊系近世城郭、ということになります。

織豊系城郭のスタイルを確立したのは、信長が１５７６年（天正４）に築いた安土城です。信長の覇業を受け継いだ秀吉は、１５８３年から大坂城を築きはじめ、ここを本拠として天下統一を進めてゆきました。

そして、秀吉が各地の有力大名たちを次々と倒して、全国統一を成しとげたことによって、織豊系城郭は全国に広まってゆきました。

column

豊臣？　徳川？

写真は大坂城の石垣と復興天守。いま見る石垣は、豊臣氏を滅ぼした徳川幕府が同じ場所に築き直したもので、秀吉時代の大坂城は地中に眠っている。復興天守は、昭和に入ってから建てられた鉄筋コンクリート製で、桃山風の望楼型となっている。徳川時代に造られた石垣や櫓と、桃山風の復興天守だと、デザイン的にミスマッチだと思うんだけど……。

⑥近世城郭の完成

空前の築城ラッシュ

日本全国の統一を果たした豊臣秀吉は、中国大陸を征服する野望を抱いて1592年（文禄元）、朝鮮半島に兵を出します。**文禄《ぶんろく》・慶長《けいちょう》の役《えき》**と呼ばれる戦いです。

海を渡った日本軍は、当初は快進撃を見せましたが、反撃されて次第に押し込まれるようになり、半島の南岸に城を築いて、かろうじて持ちこたえるばかり

晋州城（チンジュソン）。町全体を城壁で囲む邑城と呼ばれるタイプの城で、中国大陸や朝鮮半島に多い。半島の南端近くにある城だが、守備隊と住民が頑強に抵抗したため、日本軍はなかなか落とすことができなかった。（写真協力／Ogi）

になりました。

このとき日本軍が築いた城は**倭城**《わじょう》と呼ばれて、いまも立派な石垣を残しています。無謀な侵略戦争は朝鮮半島に深い傷を残し、日本軍も多くの戦死者を出しましたが、厳しい実戦経験をへて、織豊系城郭はさらにブラッシュアップされることとなりました。

ところが、1598年（慶長3）に秀吉が没すると、豊臣政権はたちまち崩壊してしまいます。政権の幹部だった、徳川家

西生浦（ソセンポ）城に残る石垣。朝鮮・明軍との講和により、漢城（ハンソン・現ソウル）から撤退してきた加藤清正が築いた城。のちに日本側は講和を破棄して再戦となるが（慶長の役）、なかなか戦線を押し上げることはできなかった。（写真協力／Ogi）

石田三成の居城だった佐和山城（滋賀県）。関ヶ原合戦で敗走した三成は、潜伏中を捕らえられて処刑され、佐和山城も徹底的に破壊されて、廃墟となった。

康と石田《いしだ》三成《みつなり》の主導権争いがはじまり、ついに多くの武将が徳川方（東軍）、石田方（西軍）に分かれて、1600年（慶長5）に関ヶ原合戦で激突したのです。

　合戦の結果、敗れた西軍方の武将たちは、あるいは命を落とし、あるいは領地を没収されました。没収された領地は、家康によって東軍方の武将たちに分け与えられます。こうして大きな権力を手にした家康は、ほどなく朝廷から征夷大将軍に任じられます。

　とはいえ、秀吉の跡継ぎである秀《ひで》頼《より》が、まだ大坂城に残っていました。

高知城（高知県）。土佐の戦国大名だった長宗我部氏は、関ヶ原で西軍側に属したため領地を没収され、替わって入った山内一豊が高知城を築いた。現在残る天守は、江戸中期に再建されたもの。（写真協力／Ogi）

全国の大名たちは、次に起きるであろう徳川ｖｓ豊臣の最終決戦に備えなくてはなりません。

とくに、没収された西軍諸将の領地に入った徳川方の大名たちは、戦いになれば、最前線に立たされることになります。新しい支配者をこころよく思わない浪人や領民が、反乱を起こすかもしれません。

日本全国で、空前の築城ラッシュがはじまりました。名古屋城、彦根城、姫路城、松江城、高知城、松山城といった名城の多くが、このような緊迫した状況で築かれたのです。

そして、１６１４年（慶長19）に起

きた大坂冬の陣と、翌年の**大坂夏の陣**の結果、とうとう大坂城は陥落して豊臣氏は滅びます。

　もはや怖いもののなくなった徳川幕府は、反抗的な態度を見せた大名や、落ち度のあった大名を次々と取りつぶして、替わりに信頼できる大名を配置しました。

　この時期に築かれた城の代表である福山城、明石城、島原城《しまばらじょう》などは、規模は小さめながらも、完成度の高さを見せる名城となっています。

　織田信長にはじまり、豊臣秀

明石城。大坂の陣で豊臣氏が滅んだ後、徳川家の家臣だった小笠原氏が10万石で明石に入り、築いた城。城域をコンパクトにまとめながら、実戦的な縄張りとしている。本丸には天守台があるが、実際には天守は建てられなかった。

吉の天下統一にともなって全国に広まった織豊系城郭は、ひとつの到達点にたどり着きました。と同時に、国内の戦争がすべて終わったことによって、城が本来もっていた軍事基地としての役割は、次第に低下していったのです。

新しい城が築かれることもめったになくなり、たまに築かれたとしても、高い戦闘力を求められることはなくなりました。戦いを忘れた城は、領地を治めるための役所となり、日本は徳川幕府のもとで、泰平の世を謳歌《おうか》することとなるのです。

column

敵ながらあっぱれ

写真は釜山にある李舜臣の銅像。李舜臣は、文禄・慶長の役に際して水軍を率いて大活躍した朝鮮の将軍。軍事的天才だったようで、日本水軍は何度も苦杯を喫している。韓国では救国の英雄として敬愛され、お札の肖像画にもなっている。日本の城の歴史を学ぶなら、知っておいてよい人物だ。（写真協力／Ogi）

⑦平和の到来と城

城を破棄する本当の意味とは？

1615年（元和元）、大坂夏の陣で豊臣氏が滅んで、徳川幕府が全国の大名を従える体制が固まりました。幕府は、大名たちが守らなければならないルールとして、武家諸法度《ぶけしょはっと》を定めます。大名が新しく城を築くことも原則として禁止され、城を修築する場合も、幕府に届け出が必要となりました。

また、大名の領内にある城は、本人が住んでいる居城以外はすべて取りこわし、特別な事情が認められないかぎり、ひとつの大名家はひとつの城しか持てないことになりました。このルールをとくに、元和《げんな》の**一国一城令**《いっこくいちじょうれい》と呼びます。

こんなふうに書いてくると、なんだか幕府が大名たちに意地悪をしているみたいに思えます。でも、別に意地悪ではないのです。というのも……。

戦国時代には、大名の居城のほかにも、戦うための城がたくさん築かれました。外交関係もコロコロ変わったので、それまで争っていた相手と急に手を結ぶ、などということも珍しくありません。

そんなときに、お互いの前線に臨戦態勢の城がいくつもあって、殺気だった兵士たちが詰めていたら、どうでしょう。何かのはずみに小ぜりあいが起きて、まわりの城や部隊を巻き込んで、いつの間にか戦闘再開……なん

徳川幕府が全国の大名を従える体制が固まった結果、軍事要塞だった城は次第に領地を治める政庁となっていった。写真は江戸城。

てことに、なりかねませんよね。

そこで、前線の城を壊して、守備兵を引きあげさせます。

「自分たちは、もう戦うつもりはないよ」という意思表示であり、不測の事態をさけるための知恵でもあります。


また、戦略的な状況が変わると、それまで重要だった城が、あまり重要でなくなることもあります。そんな場合に、いつまでも城を残しておいたら、守備や管理のための人手も、維持コストもかさみます。そこで、人やコストを前線に投入するために、いらなくなった城は壊して、守備兵を配置換えします。

このように、城を廃棄することを、**城割**《しろわり》とか**破城**《はじょう》といいます。早い話、企業が経営戦略を練り直すために、採算の悪い店舗を閉めたり、営業所を整理統合するの

米沢城（山形県）。豊臣政権下で会津120万石を領した上杉景勝は、関ヶ原合戦の際に徳川家康と対立したため米沢30万石へと大幅減封に。居城とした米沢城も、質素な土塁造りに甘んじた。

出羽中山城（山形県）の天守台。蒲生氏郷が最上氏に備えて築いた支城で、蒲生氏が転封となったのち上杉氏が領した。関ヶ原合戦の後、破城したらしく天守台の石垣は隅が大きく崩れている。

と同じです。ですから、戦国大名が勢力を広げたり、織田信長・豊臣秀吉による統一事業が進んだりすると、新しい城が築かれるのと併行して、たくさんの城割が行われます。最終的に、大坂の陣が終わって、徳川幕府による支配が固まると、もう日本全国どこへ行っても、戦争は終わりです。各地の大名は、自分たちで勝手に戦争をはじめてはいけません。幕府の命令があったときだけ、兵を動かすことができるのです。

要するに、戦時体制を解除するわけです。だとしたら、敵の侵攻を食い止めるために、領国の境に城を構えておくなんて、もってのほか。用済みになった軍事基地は、すべて整理しましょう、というのが一国一城令なのです。

新しい城を築いたり、自分の居城を強化・拡張する、などというのも軍備増強策ですよね。戦時体制を解除しろ、といっているのに軍備を増強していたら、幕府の命令に逆らって戦争の準備をしているわけですから、つまりは謀叛《むほん》です。

実際、幕府の許可をえずに城を改修したことをとがめられて、取りつぶしになった大名は少なくありません。でも、けっして意地悪ではなく、せっかく達成した平和を保ってゆくために、必要な政策だったわけです。

⑧幕末の洋式築城

海の向こうからきたニューウェーブ

大坂の陣で豊臣家が滅びた後、大名の国替えにともなう築城がひととおり済んでしまうと、日本の城は停滞の時代に入ります。ごくたまに、新しい大名家が立てられることになって城が築かれるくらいで、めだった動きも進化も見られなくなります。

次の大きなウェーブがやってくるのは、幕末になってからです。外国の船が日本近海にしきりに出没するようになって、幕府も諸大名も、外国船の攻撃に備えなければならない、と考えるようになったからです。

こうした中、外国船を大砲で打ち払うために築かれたのが、**台場**《だいば》です。

幕府は、江戸湾を防衛するために、品川台場や神奈川台場を築きました。これは、海の中に石垣を積んで造った小さな人工島のようなもので、西洋の軍事学を参考に、幾何学的な平面形に築かれました。

一方で、外国人を打ち払ってしまえ、という攘夷《じょうい》運動の高まりとともに、海に面した領

品川台場（東京）。6基築かれた台場のうち2基が残っており、うち1基は公園として開放されている。「お台場」といえば東京のおしゃれエリアだが、「台場」とは幕末に築かれた砲台のことである。

地をもつ大名家では、独自に台場を築くようになりました。それぞれの大名家がもっていた知識や技術力、財力によって、築かれる台場の形はさまざまでした。

また、蝦夷地《えぞち》を外国から防衛する必要を感じた幕府は、箱館（いまの函館）に五稜郭《ごりょうかく》と呼ばれる城を築きます。五稜郭は、上から眺めると星形をしていますが、別に星の形に意味があるわけではありません。これは西洋式の築城術を採りいれた、**稜《りょう》堡《ほ》式《しき》築城**というスタイルなのです。

稜堡式築城とは、16世紀後半から18世紀にかけて、ヨーロッパで流行した城の築き方です。わかりやすく説明すると、幾何学的な計算にもとづいて、死角が出ないように鉄砲や大砲の射線を交差させて、守れるようにした城の造り方です。

稜堡式築城の**稜堡**とは、ネコ耳のような形をしたとんがりのことです。鉄砲や大砲を並べる、必殺のネコ耳です。幕末における稜堡式築城の代表が、函館の五稜郭。ネコ耳＝稜堡が五つあるから五稜郭、というわけです。

稜堡の数は、地形や城のサイズに合わせて決めてゆきます。なので、本場のヨーロッパには、ネコ耳だらけで星形どころか、

函館の五稜郭（北海道）。大砲の性能が向上してくると天守のような背の高い建物は目標になってしまうため、西洋では高さを押さえた築城が主流となっていった。（写真／PIXTA）

全体が歯車のような形をした城もあります。

日本でも、稜堡式築城を取り入れた城はいくつかあって、先に述べた神奈川台場も、その例です。また、戊辰《ぼしん》戦争や西南戦争のときに築かれた戦闘用の城や、野戦陣地にも、稜堡式築城が応用されました。とはいえ、日本の幕末にあたる18世紀の後半になると、西洋では稜堡式築城は時代遅れになっていました。鉄砲や大砲の性能が大きくアップして、戦いのやり方が変わったからです。

当時の新しい築城法を取り入れた例として、兵庫県の西宮砲台や和田岬《わだみさき》砲台などがあります。これは、台場の中に石を積んで造った円筒形の堡塔《ほうとう》から、大砲を撃ち出すものです。

もう、こうなると、城というより要塞のイメージに近いかもしれません。でも、城と要塞とは、本来はひとつづきのもので、明治時代に築かれた要塞は、幕末の台場や砲台の直系の子孫なのです。日本の場合、中世から近世までの城の進化と、幕末以降の城や要塞の間に、技術的な断絶があるために、城と要塞が別モノに見えてしまうだけなのです。

西宮砲台（兵庫県）。石を積んで漆喰で固めた砲塔が、土塁・石垣に囲まれて残っている。大坂湾防衛のために、幕末における最新式の西洋式築城を取り入れて築かれたもの。

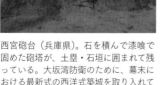

⑨グスクとチャシ

南と北の別世界

これまで述べてきたような城の歴史と、まったく異なるコースをたどった地域が、日本にはふたつあります。琉球《りゅうきゅう》（沖縄・奄美）と蝦夷地（北海道）です。

琉球の城は、**グスク**と呼ばれます。琉球でグスクがさかんに築かれたのは、日本の戦国時代よりひと足早い、14世紀から15世紀にかけてのこと。

この頃の琉球は、東シナ海の貿易中継地としてにぎわっていて、各地におこった按司《あじ》（寨官《さいかん》）と呼ばれる有力者たちが、勢力を争うようになっていました。そんな中から、琉球本島の中部におこった尚《しょう》氏が力を伸ばして琉球全土を統一し、第一尚王朝が成立します。

グスクも、最初は本土の山城と同じような土造りでしたが、戦いの中で石垣造りへと急速に進化します。というのも、この地方で山を削ると出てくる琉球石灰岩という石は、軽くて軟らかいので、加工したり、運んだり、積み上げたりしやすいのです。

勝連（かつれん）グスク（沖縄県）は海に面した丘の上に築かれており、琉球石灰岩を用いて地形に逆らわずに積んだ石垣は、美しい曲線を描いている。（写真／PIXTA）

石垣は、角の部分に大きな荷重がかかるので、本土の城では算木積みのような工夫を施します。ところがグスクでは、石垣にはっきりした角を造らないようにして、荷重をうまく分散させて積み上げています。

琉球の人たちは、素材の特徴を生かして、地形に逆らわずに、美しくうねる石垣のラインを築いたのです。なんとしなやかな城造りでしょう。

とはいえ、グスクもやはり戦いの中で生み出されたもの。気をつけて見てゆくと、本土の城と同じような工夫がちゃんとこらされているのがわかります。

実際、琉球での大きな戦いは、つねにグスクを舞台として起きています。按司たちが求めたのは、領地の広さよりも貿易がもたらす富だったからです。グスクを攻め落として相手を滅ぼし、貿易の利権を手に入れてゆく——それが琉球の戦争でした。ゆえに、頑丈な石垣で全体を囲い込むような城造りが、急速に発達したのでしょう。

一方、北海道（蝦夷地）の先住民だった、アイヌの人々が築いた城が**チャシ**です。チャシが築かれたのは、内地の室町時代から江戸時代にあたる頃でした。

一番スタンダードなチャシの形は、20～30m四方ほどの範囲を、弧状の堀で囲んだものです。堀も小さなものなので、内地の城にくらべると、あまり強そうに見えません。でも、それにはちゃんと理由があります。

アイヌの人たちは、お金を使うことも、土地を領地として支配することもありませんでした。かわりに、交易によってえられる珍しい品物を大切にしたのです。サパネクルと呼ばれたアイヌ社会のリーダーたちは、手下を率いてほかのサパネクルと争い、宝物を奪い合っていました。

サパネクルたちが、こうした戦いの中で築いていったのが、チャシなのです。何より大切なのは、敵に宝物を奪われないこと。人口密度が低いアイヌ社会では、戦いに参加する人数もそれほど多くはないので、まずはサパネクルの家のまわりを、堀や土塁で囲みます。

それでも、争いをつづける中で、戦い方に工夫がこらされ、大きな勢力をもつサパネクルも現れました。気をつけて調べて

根室半島チャシ群（北海道）。原野の中に空堀が残っている。根室半島では和人とロシアの圧迫を受けたアイヌたちが激しく争ったため、たくさんのチャシが残されている。（写真／PIXTA）

ゆくと、チャシの構造には内地の戦国時代の城と、同じような工夫がこらされているものもあります。

グスクもチャシも、それぞれの社会の仕組みと戦い方の中で、理にかなった築かれ方をしていたことがわかります。本土（内地）で、戦国の城から近世の城という流れだけを見ていると、あたかも城そのものが自分でどんどん大きく、立派になっていったような錯覚にとらわれてしまいます。

でも、ここでもう一度、この章の最初の方で見てきた、弥生時代の環濠集落や、古代の朝鮮式山城、東北の城柵などを思い出してみましょう。社会の仕組みが戦いの形を決め、戦いのあり方が城の形を決め、城をめぐる戦いがまた、社会の仕組みに影響してゆくのが、城をめぐる歴史だということがわかります。

グスクやチャシを見ていると、そうして歴史が動いてきたことを、日本の両端から考え直させられるような気がします。

第3章

chapter.3

城を楽しむために知っておきたいこと

JAPANESE CASTLE

①石垣の仕組み

高く丈夫に積む工夫

第1章では、城を見て楽しむポイントを紹介しました。この章では、城を知るための基礎知識について、もう少し補足しておきましょう。

まずは、石垣からです。石垣の基本的な見方は、第1章の②でお話ししましたね。ここでは、石垣の仕組みについてお話ししておきます。

戦国時代の土造りの城でも、土が崩れないように土留めとして石を積むことはありました。でも、私たちがよく見ている、近世の城の石垣とは、構造がまるで違います。戦国時代の土留めの**石積**《いしづみ》は、たんに石を積み上げただけ。土の壁に石が張り付いているようなものだと思えばよいでしょう。これに対し、近世の城の石垣は**裏込**《うらごめ》**（ぐり石）**といって、裏側に小さな石を大量に入れています。

先年の地震で崩れた熊本城の石垣。痛々しい写真だが、石垣の背後に裏込がどっさり入っている様子がよくわかる。

裏込が重さを吸収することによって、石垣を支えているのです。重たい列車が高速で走る線路を、砂利（バラス）が支えているのと同じ原理です。裏込というテクニックを獲得したことによって、築城のステージは一気に上がりました。

石垣を、それまでとは比べものならないくらい、高く安定して積むことができるようになったのです。しかも、上に天守や櫓のような重たい建物をのせても、ビクともしません。城のプランも、自由に工夫できるようになりました。

裏込は、実物を目にする機会はめったにありません。でも、発掘調査された石垣や、災害などで崩れてしまった石垣を見ると、裏込が何mもの厚さで入っていることがわかって、驚きます。石垣が立体構造物であることを、あらためて知らされるのです。

その立体構造物である石垣の、表に見えているメインの石――いままで何となく「石」と呼んできましたが――を、**築石**《つきいし》といいます。では、石垣は築石と裏込だけでできているのかというと、そんなに簡単ではありません。

石垣を正面から眺めてみましょう。築石と築石との隙間を埋めるように、小さな石が詰め込まれています。これを**間詰石**《まづめいし》といいます。間に詰めるから、間詰。まんまですね。

豊臣時代に築かれた岡山城天守台の石垣。大きな築石の隙間を、間詰石でていねいに埋めている。時代が下って築石の規格化が進むと、間詰石は次第に用いられなくなってゆく。

駿府城。徳川家康の居城として知られる駿府城だが、近年の発掘調査では家康が入る以前に築かれた豊臣時代の石垣が出土した。間詰石や裏込を入れながら石垣を積み上げていった様子がわかる。

間詰石は、石垣のタイプによって入ったり、入らなかったりします。野面積みは、もともと大小の石をランダムに積み上げてゆくやり方ですから、築石と間詰石の区別がはっきりしません。これが打込みハギになると、築石と間詰石がはっきり分かれます。

もうひとつ、**介石**《かいいし》(飼石)というものがあります。築石の後ろの方で、角度や築石どうしのかみ合わせを調整するために、かませる石です。石垣を頑丈に築くには、築石の奥行きをたっぷりと取る必要があるので、後ろの方で角度やかみ合わせを、カッチリ決めなければなりません。

できのよい石垣は、地面からゆるやかに立ち上がって、少しずつ角度が急になってゆき、上の方では垂直になります。石垣を安定させ、かつ敵に登られないようにする工夫で、この曲線の美しいものを、とくに**扇**《おうぎ》**の勾配**《こうばい》などと呼びます。

このような曲線を造り出すためには、築石の角度を絶妙に調整する必要がありますよね。その微妙な調整を可能にしているのが、介石というわけです。裏込と同様、ふだん目にすることはありませんが、介石は美しく頑丈な石垣を、見えないところで何百年も支えてきた功労者なのですね。

②曲輪と建物

城を構成するステージ

天守は、本丸――つまり城の中心にドンっとそびえるラスボス。そこに至るまでの、各ステージのボスキャラが隅櫓で、入口は城門が固めています。本丸を取り巻くいくつものステージを、外側から順に攻略してゆかないと、城の中心にはたどりつけません。

そうした、城を構成するステージのことを、**曲輪**《くるわ》といいます。つまり、石垣や堀で囲まれた防御区画が曲輪になります。城の中心区画が本丸ですが、その次を二ノ丸、その外側を三ノ丸と呼ぶのが普通です。本丸からの方角によって、西ノ丸とか北ノ丸といった名前がついていることもあります。

他にも、曲輪の役割によって、井戸曲輪とか兵糧曲輪《ひょうろうぐるわ》みたいな名前がついたり、守備の担当だった家臣の名前がつくこともあります。また、城の本体から飛び出すように置かれた曲輪を**出丸**《でまる》といいます。大坂の陣で有名な真田丸は、真田《さなだ》幸村《ゆきむら》（信繁《のぶしげ》）が担当した出丸だから「真田丸」と呼ばれたわけです。

ではなぜ、城内をいくつもの区画に区切って、たくさんの曲輪を造るかというと、城が簡単に落ちないようにするためです。もし、城がひとつの大きな区画だけだったとしたら、どこか一箇所が決壊するだけで、城内全部がいっぺんに戦場になってしまいます。

でも、本丸—二ノ丸—三ノ丸と三重にしておけば、たとえ三ノ丸に敵が侵入しても、本丸と二ノ丸で持ちこたえることができます。二ノ丸から逆襲部隊を繰り出して、三ノ丸を取り戻す

駿府城の二ノ丸。水堀と石垣に四角く囲まれているのがわかる。右手に見えるのは復元された東御門と巽櫓。

ことだってできますね。
もし仮に、逆襲が失敗して敵に押し込まれた場合でも、一気に本丸まで攻められることはありません。曲輪をいくつも設けることによって、戦う場合の駆け引きの抽出《ひきだし》（戦術的オプション）が増えるのです。この本の最初に「城歩きは知的パズル」と書きましたが、曲輪がわかると城そのものが巨大なパズルに思えてきます。

ところで、「くるわ」の語には、「曲輪」のほかに「郭」という字を当てることもあります。そうそう、女郎さんと遊ぶ場所のことを遊郭《ゆうかく》（遊廓）というでしょう？　時代劇や落語などでは、遊郭を「郭《くるわ》」と呼んでいることもありますね。吉原のような遊郭は、堀で囲まれていたからです。もっとも、この場合の堀は、女郎さんたちが逃げないように、という役目の方が主ですが。

お堅い方の曲輪に、話を戻しましょう。この講座で、これまでに説明してきたパーツは、石垣・堀・門・櫓など、曲輪のガワを固める戦闘施設でした。これに対して、曲輪の中には戦闘とは直接かかわらない施設が置かれます。城主の御殿や家臣の屋敷、倉庫や番所といった、いわば普段づかいの建物です。

東から見た松本城。手前に見える太鼓門（復元）を通って、二ノ丸を左手に進み、黒門（復元）を突破しなければ、天守のある本丸にたどり着くことはできない。

姫路城の天守から見た西ノ丸。本丸の西にある高台が、多門櫓や塀で囲まれている様子がわかるかな？

二条城番所。東大手門を入ってすぐにあるレアな建物だが、観光客は興味なさげに通り過ぎてゆく。コラッ！　本当なら警備の侍に捕まっているところだぞ！

掛川城（静岡県）の二ノ丸御殿。幕末の建物だが、城主が実際に生活したり政務を執ったりした建物がそのまま残っているのは、かなりレアなケース。

こうした建物は、天守や櫓、石垣や城門に比べると、どうも「城っぽさ」みたいな成分が薄いので、今ひとつ注目度が高くありません。でも、戦闘施設としては結局、使わずじまいだった天守や櫓に比べると、大名や家臣たちの息づかいが感じられる建物です。

ただ、残念なことに、御殿や番所・倉庫などはあまり残っていません。明治以降、城内が官公庁や学校、公園として使われるようになり、曲輪の中にあった建物はじゃまものとして撤去されてしまったからです。

なので、残っている実物を見つけたらラッキーです。建物の中を歩きながら、城の中での日常生活を、思い切り妄想してみましょう！

column

レア物件を見逃すな！

写真は彦根城二ノ丸に残る馬屋。ずらっと並んだ区画に、たくさん飼われていたのは、すべて城主（井伊家当主）の馬。その様子を想像すると、壮観だ。現存する馬屋の建物は全国でここだけなので、激レア物件。ほとんどの観光客は素通りしてしまう。写真にも観光客の姿は写ってないでしょう？　お城＝天守、と思い込んでいるから、こうなるのだろうけど、もったいないよね！

JAPANESE CASTLE

③犬走・腰曲輪・帯曲輪

「オマケ」だってあなどれない

城には、いろいろとオマケのようなパーツがくっついていることがあります。たとえば、石垣と堀との間に、狭い通路のようなものが設けられていることがあります。これを**犬走**《いぬばしり》といいます。石垣を築くときの作業用の足場を、そのまま残してあるようなもので、石垣や堀のメンテナンス、見回りなどに重宝します。

でも、こんなものがあると、敵が石垣を登るときにも足場に使われてしまうんじゃないか？　と心配になる方がいるかもしれません。大丈夫です。逆なのです。犬走があることで、侵入者を見つけやすくなります。それに、攻め登ろうとする敵は、犬走のところで必ず一度、足が止まって体が立ち上がりますから、上から狙いをつけやすくなるのです。

僕が考証を担当した2016年の大河ドラマ『真田丸』では、クライマックスの大坂の陣で、真田幸村が真田丸という戦闘施設を築きます。戦いに際した臨時の施設なので土造りですが、堀に面した斜面に犬走が付く設計にしました。

そして、徳川勢が堀を越えて斜面を攻め登ろうとすると、犬走のところで狙い撃ちにされる、という演出を入れてもらいました。もし、DVDなどで見る機会があったら、チェックしてみて下さい。

ちなみに、構造物から外に張り出して付いている狭い通路を、英語ではキャットウォークといいます。猫走というわけです。どこの文化でも、考えることは同じなのですね。

さて、石垣に付くオマケが犬走なら、曲輪に付くオマケが**腰**《こし》**曲輪**《ぐるわ》です。本丸・二ノ丸といっ

府内城（大分県）。石垣の下に犬走が回っている。平城の石垣には、こうした犬走がしばしばともなっている。

た大きな曲輪から、一段下がってくっついているので、ちょうどウエストポーチのような感じです。そう考えると、腰曲輪もまんまな言葉ですね。

城を築くとき、斜面の途中にある中途半端に平らなスペースが、腰曲輪になります。腰曲輪として守りを固めてしまえば、通路や倉庫など、補助的なスペースとして有効活用できるからです。

戦国時代の山城は、地形に沿って山を削ったり、土を盛ったりして築くので、腰曲輪がたくさんできます。城によっては、斜面や尾根が腰曲輪だらけで、段々畑のようになっている場合もあります。こうした腰曲輪は、スペースを有効活用するよりも、弱点となりそうな地形をつぶした結果です。

守る側は、段々畑のような腰曲輪を、ひとつずつ後退しながら抵抗をつづけます。これなら、単純な

福山城の腰曲輪。写真左手が本丸。本丸から一段下がって、狭い腰曲輪が取り巻いている。

動きで守れるので、訓練の行きとどかない兵でも、少人数でも、粘り強く戦うことができます。

逆に攻める側は、小さな腰曲輪には、大勢で一気になだれ込むことができません。少人数で、ひとつひとつ順に攻め取ってゆかなくてはならないのです。考えただけで疲れそうです。

それから、大きな曲輪から堀をへだてた外側に、細長い通路のようなスペースを設けたものを、**帯曲輪**《おびくるわ》といいます。堀の外にある分、城内よりは低いので、侵入してきた敵は狙い撃ちにあいます。一方、城兵にとっては、城内からの援護射撃を受けられる通路になります。部隊を移動させたり、逆襲をしかけるための出撃路としては最適、というわけです。

このように、犬走や腰曲輪や帯曲輪は、小さくて地味ですが、決してあなどることはできません。天守や石垣のような目立つパーツだけではなく、地味なパーツにもそれぞれに意味や役割があって、全体として難攻不落な城を形づくっているのです。

小机城の帯曲輪。戦国時代に北条氏が築いた土の城。写真左手が本丸。本丸から空堀をはさんだ対岸にめぐらされた帯曲輪は、通路となっている。

④外郭・惣構・城下町

城の外側に広がるエリア

本丸・二ノ丸・三ノ丸といった城の本体に対して、外の方にある広い曲輪を**外郭**《がいかく》とか**外**《そと》**構**《がまえ》などといいます。野球にたとえるなら、本塁〜3塁がある内野に対する、外野です（塁はもともと砦の意味）。

城の外郭には、いくつかの役割があります。まず、家臣や城兵たちの居住スペースを確保すること。城の本体を、守りやすく戦闘本位に設計すると、どうしても曲輪の中が窮屈になります。そこで、家臣の屋敷地や城兵たちの長屋などを置くスペースが、別に必要になるわけです。

戦国時代の城なら、作戦の展開によって城に援軍を入れる場合があります。ふだんは城兵だけで守っているけれど、大きな戦いになったら、あちこちから部隊がやってきて、作戦基地として使う——というケースだってあるでしょう。そんなときも、収容スペースとして外郭がほしくなります。

江戸城。現在の皇居がある吹上（左手）は、江戸城の広大な外郭だ。写真の堀は自然の谷に手を加えたもの。江戸城では、さらにこの外側に惣構がある。

でも、屋敷地や援軍の駐屯地がほしいだけなら、広いスペースをとりあえず確保して、柵か何かで囲んでおけば済む話。外郭として、手間ヒマかけて堀を掘ったりするのは、別の目的があるからです。

外郭を造っておくと、城のかなり手前で、いったん敵を食い止めることができます。この場合、外郭は踏みとどまって死守しなくても、防ぎきれないと思ったら、退却してもかまいません。攻める側に、時間や弾薬をよけいに消費させられればよいのです。つまり、外郭があることで、城側としては駆け引きの抽出が増えるわけです。

外郭をうんと広く取って、城のまわりをすっぽり囲い込むようにしたものが、**惣構**《そうがまえ》です。惣構は、城下町を防衛するためのもの、と説明されることがあります。

でも、実際の惣構は、必ずしも城下町を囲い込む構造になっていません。町の一部が惣構からハミ出しているかと思うと、山や林をぐいぐい囲い込んでいたりします。惣構も、あくまで外郭のバリエーション。城の手前で、いったん敵を食い止めて、駆け引きの抽出を増やすための工夫なのです。

戦国時代の末期、小田原の北条氏が豊臣秀吉の侵攻に備えて築いた惣構の空堀。こうした空堀と土塁が延長9kmにもわたって築かれた。

では、城下町とは何でしょう？

城は、もともとは軍事基地ですから、軍隊が駐屯しています。軍隊の仕事は戦争ですから、軍隊とは大きな消費者集団ですし、武士は支配階級です。食料、いろいろな日用品、文具、贅沢品を消費しますし、刀鍛冶などの職人も必要になります。お酒の店や遊ぶ所も、ほしいですよね。さらに、大きな城を築いたり、修築したりとなると、大勢の労働者や、職人が集まることになります。つまり、城は経済的な需要を生み出すのです。こうしてできた町が、城下町の本来の姿です。

江戸時代には、一国一城令で大名家ごとにひとつの城しかありませんから、ほとんどの武士は城下町で暮らすことになります。そうすると、城下町には需要が集中して、地域の経済的な中核となり、町の文化度が上がります。今でも城下町に、おいしい和菓子やお酒が多いのは、このためです。

ただし、戦国時代にたくさん築かれた戦闘用の城は、任務が終われば、はいサヨナラです。そうした城には、必ずしも城下町はできないのです。

岩村城（岐阜県）の城下町。向こうに見える山の上に城があった。近年、NHKの朝ドラでもロケに使われた城下町には、おいしいお酒やお菓子にも事欠かない。

JAPANESE CASTLE

⑤橋と塀

城に欠かせない脇役たち

城の中には、これまで説明してきた以外にも、いろいろな施設があります。たとえば、**橋**や**塀**《へい》です。城を訪れる観光客で、櫓や石垣に見入っている人はいますが、橋や塀を興味津々で観察している人は、あまり見かけません。でも、ちょっとしたことさえわかれば、橋も塀も意外に楽しめます。

まずは、橋から。敵を防ぐために堀を掘る以上、出入り口の前に橋をかけないと、自分たちも出入りができなくなって困ります。ですから、橋は城にとって必需品です。

城の橋には、大きく分けて**木橋**《きばし》と**土橋**《どばし》があります。文字通り、木橋は木でできた橋、土橋は土でできた橋です。木橋は、敵に攻められそうになったら、渡れないように壊してしまうことができる、というメリットがあります。ただし、橋を壊してしまうと、城内から逆襲に討って出ることもできなくなります。

姫路城の大手門前にある木橋。残念ながら本物ではない。木橋は通行や湿気で傷むため、実物は残っていない。でも、この橋を落とされたら大手門が突破困難になることはわかる。

この欠点を解決するための工夫として、チェーンなどを使って橋をはねあげてしまう、**桔橋**《はねばし》という仕掛けがあります。ただ、構造が複雑になる上に、維持コストがかさむので、日本の城ではあまり使われませんでした。

一方の土橋は、堀を掘るときに一部を残して、崩れないように補強するだけですみます。大勢の人が通っても、重い荷物を運んでもビクともしないので、コスパは抜群です。敵に渡られてしまう、という欠点もありますが、城から討って出るときには頼もしい存在です。

このように、木橋と土橋には、それぞれにメリットとデメリットがあって、裏腹の関係になっています。そこで、城側がピンチになったら、壊して守りを固めたい場所には木橋。逆襲に討って出る通路をキープしておきたい場所には土橋。といった具合に、使い分けることになります。

橋は、石垣や門、櫓などにくらべたら、地味な脇役かもしれません。でも、城にはなくてはならない施設です。戦いになったら、ここはどう守るのだろう、などと想像しながら渡ると、意外に楽しめます。

同じように、地味だけれども大切な脇役として、塀があります。石垣の上に建っている塀は、土を練り固めて、表面を漆喰や板で覆った頑丈なつくりをしています。鉄砲で打ち崩されないためです。

右の写真とは別な場所だが、狭間をのぞいてみたところ。なるほど、こう狙えるわけか。隣の狭間ものぞいてみよう。

姫路城。狭間の開いた土塀。姫路城は天守や櫓に目が行きがちだが、石垣や塀もよく残っていて、じっくり見ると面白い。

こうした塀には、たいがい狭間《さま》とよばれる穴が開いています。鉄砲や弓矢を放つためです。塀というと、単に城の中を区画するための仕切り、と思いがちです。でも、狭間の付いた塀は、レッキとした戦闘施設なのです。

江戸時代の後半になって作られた塀や、現代にコンクリートで再現された塀では、狭間は適当に空けられています。でも、姫路城のように、古い塀がそのまま残っているところでは、弓や鉄砲で敵を狙いやすいように、狭間にちゃんと角度が付けられています。

なので、内側から塀に近づける場所を見つけたら、狭間から外をのぞいてみましょう。古い塀がそのまま残っているものだと、弓・鉄砲を構えたときちょうどよい高さに、狭間が空いていることがわかります。そこで射撃姿勢をとってみると、どこを狙えるかわかるので、城兵になった気分で面白いですよ。

column

戦国の木橋

写真は、熊本県にある隈部氏館で見つけた「木橋」。別に復元された木橋ではなく、地元の人が作業用にかけたものだが、戦国時代を彷彿とさせるのでパシャリ。当時は板材が高級品だったので、前線の城では、このように丸太を筏状にした木橋が使われていたのだろう。史跡整備で戦国の城に復元するとなると、安全性を考慮しなければならないので、このようなリアルな〝戦国の木橋〟は造れない。

⑥縄張り

縄張りはすべてオーダーメイド

この講座で、ここまで取り上げてきた石垣・堀・城門・天守・櫓などは、城を構成するパーツです。それらのパーツには、それぞれに役割がありますが、城が城として機能するためには、全体が組み合わさっていなくてはなりません。

そう、石垣や櫓といったパーツは、スポーツにたとえるならひとりひとりの選手です。天守というエースを中心に、チーム全体がまとまって連携しないと、敵に勝てません。

城の場合、敵をうまく防ぐためにパーツをどう組み合わせるか、という工夫のことを**縄《なわ》張《ば》り**といいます。縄張りは、サッカーでいうならフォーメーションのようなものです。城を築くとき地面に縄を張って、ここに堀を掘って、ここに櫓を建てよう、というように設計していったので、縄張りというのです。

彦根城の天秤櫓を見上げたところ。手前の坂道を登って堀底を通り抜けなければ、次のステージ（鐘の丸）には進めない。

縄張りは、敵をどう防ぐかという城全体の設計ですから、とても大切です。城の価値は縄張りの善し悪しで決まる、といってもよいほどです。たとえば、上の写真を見て下さい。彦根城の本丸の手前にある天秤櫓《てんびんやぐら》と橋を、堀底から見上げたところです。

本丸にたどり着くためには、二ノ丸から坂道を登って、この堀底を通り抜け、次のページの写真にある鐘《かね》の丸という曲輪にいったん入ります。天秤櫓と鐘の丸の両方に城兵がいたら、この堀底を通り抜けるのは絶叫ものですね！

がんばって城門を破り、鐘の丸に

堀底から鐘の丸への入り口は、枡形となっている。通路が直角に曲がって入ってくるのが、わかるかな？

鐘の丸に入ってみると、正面には天秤櫓が待ち構えている。矢玉をかいくぐって橋を渡れるだろうか。

入ると、中の城兵は橋を渡って本丸に退却します。「追えーっ！」と思ったら、目の前には天秤櫓が立ちはだかっているではないですか！

後ろからは、味方の兵が次々と詰めかけてきます。彼らだって、堀切の中でグズグズしてはいられないのです。進むことも退くこともできずに、天秤櫓から狙われたら……想像するだけで生きた心地がしないでしょう？　これが縄張りの恐ろしさです。

面白いことに、縄張りはオーダーメイド。ひとつひとつの城で違います。なぜなら、たとえば城を築く場所の地形によって、敵を防ぎやすい縄張りが違ってくるからです。

仮に同じような地形だったとしても、1000人で守る城と、5000人で守る城とでは、同じ縄張りというわけにはいきませんよね？　5000人の城なら5000人分のスペースが必要ですが、城兵を1000人しか確保できないのに、城をやたら広くしてしまうと、守りの手薄な箇所が出てきて、敵につけ込まれてしまいます。

さらにいうと、城にはそれぞれ役割や任務があります。たとえば彦根城は、関ヶ原の合戦の後で、徳川家康が家臣の井伊直政《いいなおまさ》に築かせたもの。関ヶ原で勝利した家康は征夷大将軍に任じられますが、大坂にはまだ豊臣秀頼《ひでより》がいて、徳川vs豊臣の決戦は避けられそうもありません。そうなった場合、徳川方の最前線になるのが彦根城だったのです。

　そこで家康は、勇敢で信頼できる井伊直政に彦根城を築かせました。直政は、2017年の大河ドラマ『おんな城主　直虎《なおとら》』で、菅田将暉《すだまさき》が演じていましたね。さきほど説明したような恐るべき縄張りも、豊臣方の大軍が攻め寄せて来たとき、少しでも長く持ちこたえるための工夫だったのです。

　こんなふうに、縄張りはひとつひとつがオーダーメイドで、

姫路城を築いた池田輝政は52万石の大大名。中心部の縄張りはタイトだが、三ノ丸は広大。これだけあれば、かなりの人数を収容できそうだ。

城が築かれた条件や背景が反映された究極のパズルです。だから、日本中さがしても、全く同じ縄張りの城というものはありません。縄張りに目が行くようになると、城歩きの楽しみは無限に広がるのです。

臼杵城。臼杵藩は小さな藩なので、動員できる兵力も小さい。城もコンパクトにまとめないと守り切れない。

備中松山城。三ノ丸の石垣から大手門跡を見下ろしたところ。登ってきた道が石垣に突き当たって、ヘアピン状に折れ曲がっている。手元に鉄砲がほしいでしょう？　建物がなくても、縄張りの妙を楽しめるようになれば、城歩きは深く、広くなる。

⑦占地

山城と平城、どっちが有利？

②曲輪から⑥縄張りと話が進んできて、城を全体として見ることの大切さが、少しおわかりいただけたでしょうか。城全体を見るときに大切な要素のひとつは縄張りでしたが、もうひとつ、**占地**《せんち》があります。

いきなり「占地」という言葉が出てくると、なんだか専門用語っぽくて、むつかしそうな感じがします。でも、この講座で、僕が皆さんにぜひ知っていただきたい、と紹介してきた言葉は、意味がわかると「なーんだ、まんまじゃん」と思えるものが多かったでしょう？　隅にあるから隅櫓とか、縄を張って設計するから縄張りとか。

占地もそう。城が、どんな地形を占めているか、それが占地です。まんまでしょう？なので、「このマンションの立地は……」「御社の立地は……」というときと同じように、「この城の占地は……」などと、言ってみましょう。ほら、通っぽいでしょう？（笑）

犬山城は木曽川に面した丘に占地している。川に面した方は崖になっていて、こちらから攻めるのは難しそうだ。

ところで、**山城**《やまじろ》、**平城**《ひらじろ》、**平山城**《ひらやまじろ》という言葉を聞いたこと、ありませんか？　これらは、占地から城を分類した言葉です。山の上に占地しているから山城、平らな地形に占地しているから平城、まんまですね。

山城は高いところに築くので、登るのが大変です。当然、攻める方は最初から大変です。一方、守る方は最初から山の上で待ち構えていればよいのです。高い場所にいれば、敵が攻めてくるのを見つけやすいですし、敵の数（兵力）や部隊の配置なども、丸見えです。

「守る」ことだけを考えるなら、山城は圧倒的に有利。少人数でも、大軍の攻撃を迎え撃つことができます。とはいえ、高い山の上は住み心地がよくありません。曲輪が手狭になりがちですし、兵糧の補給も大変。城下までお買い物に行くのだって、不便です！

それにくらべると、平城は遠くまで見通せないし、がんばって堀を掘ったり石垣を積んだり、櫓を建てたりしないと、敵を防ぎきれません。そのかわり、曲

備中松山城は、その名の通り山城だ。それにしても高いよね。今は中腹までバスで上がるけど、そこから先は山道を登ることになる。

苦労してたどり着いた備中松山城の本丸。山城の曲輪は、いかにも手狭だ。

輪を広く造りやいし、住み心地も上々、交通の便もグッドで、お買い物も楽勝です。

何だか不動産屋の宣伝文句みたいないい方になりましたが、でも、ここが大事なところ。

交通の便がよいということは、部隊や物資（兵糧など）を動かしやすい、ということです。なので、大きな戦いをするための作戦基地には、平城が適しています。

もうひとつの平山城は、丘の上から麓の平地にかけて占地す

こちらは平城の松本城。三ノ丸に立つ市役所の展望室から撮った写真だが、本丸・二ノ丸・三ノ丸と高低差のないことがわかる。

るスタイルです。平野や盆地の中にある小高い丘を利用するので、曲輪がひな壇のように並びます。

平山城は、平地を利用するメリットは平城と同じですが、平城よりグッと見通しがききます。高さを利用して、守りを固めやすいメリットもありますが、本丸は狭くなりがちです。

このように、山城・平山城・平城には、それぞれメリットとデメリットがあります。

とはいえ、関東平野や濃尾《のうび》平野のような土地柄だと、山城を

浜松城は平山城。手前の広場は三ノ丸跡で、丘の上の本丸からひな壇状に曲輪が並んでいるのがわかる。

築きたくても築きようがありません。川や湿地を利用するなど、敵が攻めにくいように占地や縄張りを工夫して、守りを固めなければなりません。

逆に、山あいの小さな盆地だと、まわりの山から城内が丸見えとなってしまうので、平城を築くわけにはいきません。

こんなふうに武将たちは、自分の置かれた立場や戦略、地形や兵力、物資の調達、その他もろもろの条件をパズルを解くように考えながら、最適の占地と最適の縄張りを決めていったのです。

column

区別は足の裏で

平城・平山城・山城の区別は、理屈で考えるより、実際に歩いてみるとよくわかる。

城に入ってから本丸に着くまで、坂道を登らなかったら平城。どこかで坂を登ったら平山城。坂道をたくさん登って息が切れたら山城。写真上は平城の府内城と、下が山城の安土城。歩いている人の様子が全然違うよね。

⑧土の城の世界

戦国乱世の城造りは大急ぎ

戦国時代、日本全国に何万箇所も築かれた土の城。それらは、パッと見にはタダの山か雑木林。あまりインスタ映えしそうもありません。では、戦国の土の城は、どこを見れば面白いのでしょう?

最大のポイントは、「戦国乱世の城造りは大急ぎ」です。明日、攻めてくるかもしれない敵を防ぐために、現地調達できる、ありあわせのマテリアルと技術で、実用的なものを造る。その切羽詰まったような必死さが、土の城の最大の魅力です。

たとえば山城であれば、**堀切**《ほりきり》が敵を防ぐ基本アイテムになります。堀切とは、山の尾根を断ち切るように掘った空堀。敵は、尾根づたいに登ってくるからです。**切岸**《きりぎし》も、土の城のマストアイテム。山腹を削り落として造った人工の崖です。曲輪の縁には、**土塁**《どるい》を築くこともあります。土を盛って造った、戦闘用の土手のことですね。

臼井城（うすいじょう）（千葉県）の切岸。この高さを人力で削り落としたのである。すでに登るのは大変そうだが、鑓を構えた城兵が上に立っていたら、相当怖いと思う。

中城（なかじょう）（埼玉県）の土塁。左手が城内で、右下には空堀が見えている。曲輪の縁に沿って土塁がめぐっているのがわかるかな？

浄福寺城（じょうふくじじょう）（東京都）の堀切。尾根をスパッ断ち切っている様子がわかるだろうか。橋がかかっていないと、越えるのは大変だ。

堀を渡って曲輪に出入りするのには、木橋も使いますが、土橋もよく使います。土橋は、堀の一部を掘り残すだけでできるので、材料費はタダ。むしろ、掘る手間が省けてラッキーなくらい。手間もコストもかけずに実用的なものを造る、という戦国の城造りにピッタリなアイテムといえます。

そうそう、戦国の土の城特有のアイテムとしては、**竪堀**《たてぼり》というものもあります。これは、斜面を縦に下ってゆく空堀です。堀切・切岸・竪堀などは、言葉で説明しただけでは、ピンとこないかもしれませんね。でも、実物を目にすれば「ははあ、なるほど、これか」と納得できますよ。

と同時に、「これを突破するのは、なかなか難しいぞ」と感じることでしょう。土の城の空堀や切岸は、たいがいの場合、近世城郭の水堀や石垣ほどのスケール感はありません。でも、その分、城内から城兵が槍を突き出したら、刺さりそうで怖いです。

壮大な高石垣や天守と違って、土の城の空堀や土塁は、いかにも人が手作業で、せっせと掘ったり積んだりしたイメージがダイレクトにわきます。土木量にせよ、戦いの情景に

芥川山城（あくたがわさんじょう）（大阪府）にある土橋。三好長慶が一時期、居城としていた山城。明智十兵衛（光秀）も、この土橋を渡ったことがあるかも。

諏訪原城（静岡県）の空堀。右手が城内。ぜーんぶ、人の手で掘りました！
土の城、あなどるべからず。

せよ、「肌感覚で伝わってくる生々しさ」が、土の城の魅力といえます。

しかも、ありあわせで実用性を追求する戦国の城は、実戦で役に立つなら何でもアリ。僕も、これまで全国の何千という土の城を見てきましたが、「ははあ、なるほど、その手があったか」「ほお、これはこれで理にかなっているなあ」の連続です。いくら見ても、一向にあきがきません。何でもアリで、絶対的な正解がない楽しさも、土の城の魅力といえるでしょう。

そんな城が、日本全国に文字通りゴマンとあって、自分の住んでいる街や、そのすぐ近くにも何かしらあります。遠出する旅行を計画しなくても、思い立ったら今日にでも行ける。そんな身近なカジュアルさも、戦国の城の魅力でしょう。

ただし、ビギナーは公園として整備されている城からはじめて、少しずつ慣れるようにしましょう。とくに、夏場の山城歩きは危険がいっぱいで、おすすめできません。僕らのような研究者、つまり城のプロも夏場は山城へは行かないものです。最初は、イベントや講座などに参加して、歩き方や見方のコツを教わるのがおすすめです。

茅ヶ崎城。横浜市営地下鉄のセンター南駅から徒歩5分にあり、公園化されていてトイレ・説明板も完備、という駅近優良物件。写真手前には発掘調査で見つかった建物跡が表示されており、奥には土塁が見える。

山中城。戦国の城は、守れれば何でもアリ。これは障子堀（しょうじぼり）という仕掛け。どう使うか、わかるかな？

JAPANESE CASTLE

⑨虎口と横矢掛り

実戦で役立つ縄張りの工夫

戦国の築城は大急ぎ。簡単に落とされない城を、ありあわせのマテリアルと技術で造るには、縄張りを工夫するのがいちばんです。実用的な縄張りの工夫は、土の城の大きな魅力といえるでしょう。

ただ、実戦向けの工夫の数々は、戦いのない環境に育った私たちには、なかなかわかりにくいものがあります。そこで今回は、いちばん基本的な縄張りの工夫を、いくつか伝授しておきましょう。ここで説明した工夫は、近世の石垣造りの城にも取り入れられています。戦国の土の城でも、実戦で相当な威力を発揮したのでしょう。ですから、知っていると近世の城を訪ねるときにも役立ちます。

さて、城は、敵を入れないように築くものです。でも、ぐるりと全部、堀や切岸、土塁などで囲んでしまうと、難攻不落にはなりますが、自分たちも出入りできなくなって困ります。どこかに出入り口を開けなくてはなりません。

深大寺城（じんだいじじょう）（東京都）の虎口。土塁が切れているのが、わかるかな？　二ノ曲輪から土橋を渡って、虎口をくぐると、いよいよ本丸だ。

この出入り口のことを、**虎口**《こぐち》と呼びます。城の出入り口というと、普通の人は門を思い浮かべます。でも、門はひとつの建物です。そうではなく出入り口そのもの、言いかえるなら、出入りのために土塁や切岸、石垣の途切れている場所が、虎口です。

少し理屈っぽかったでしょうか？　でも、虎口という言葉を覚えると、城の見方が一気にステップアップします。近世の城を見るときにも使える言葉なので、「ほお、この虎口は渡櫓門で守っているのか」などと、つぶやいてみて下さい。

土でできた山城によく見られるのが、坂虎口というタイプ。坂道を登って曲輪に入るだけの単純な虎口ですが、坂道そのものが攻め手の勢いを削いでくれます。しかも、登ってくる攻め手には、城内の様子がわかりません。単純だけど、実用的でしょう？

そうです！　虎口は、攻防の要となる場所。攻め手は当然、突破を狙ってきますよね。なので、自分たちは出入りしやすく、敵は入りにくいように、工夫が凝らされるのです。そうした工夫の中で、もっとも高い防御度をもつのが**枡形《ますがた》虎口**です。

枡形虎口とは、土塁や切岸で四角い空間（＝枡形）を造り、そこに門を建てるスタイルです。攻め手が虎口に突入してきても、枡形の中で袋のネズミ。門を破ろうとジタバタしている間に、まわりから矢弾

三河山中城（みかわやまなかじょう）（愛知県）の坂虎口。高低差と土塁のおかげで、曲輪の中の様子が見えない。こんな時に土塁の上から石でも投げられたら、たまらん！

駿府城に復元された東御門（ひがしごもん）。石垣と渡櫓でカッチリと四角く囲まれた枡形虎口だ。

名胡桃城の枡形虎口。土塁で四角く囲まれているのがわかるかな？　使われているマテリアル・技術は違うが、上の写真と原理は同じ。

の雨を降らせて全滅させるという、恐ろしい仕掛けです。江戸城や大坂城では、頑丈な石垣造りの枡形虎口が標準装備になっています。

もうひとつ、ぜひ知っておくとよいのが、**横矢掛《よこやがか》り**。横矢とは、読んで字のごとく、敵の横合いから鉄砲や矢を射かけることです。その横矢をかけるための工夫が、横矢掛り。実際には、土塁や切岸、石垣のラインを折り曲げたり、一部を飛び出させたりします。

なぜ、こんな工夫が必要になったのかというと、戦国時代の軍隊では、弓・鉄砲の装備率は平均して2割くらいしかなかったからです。そこで、土塁や切岸をよじ登ってくる敵を、なけなしの弓・鉄砲で狙い撃ちにする方が、効率がよかったのです。

とくに、虎口や橋を狙える位置で土塁を折り曲げて、横矢掛りにすると効果は抜群！狭い場所に走り込んでくる敵を、次々と仕留めてゆくことができます。こんなふうに、いろいろなアイテムを組み合わせて、攻めにくく守りやすい城造りを目指していたのです。

菅谷城(すがやじょう)(埼玉県)。土塁が大きく張り出して、横矢掛りとなっている。この土塁の上からなら、かなり広い範囲を射界におさめられそうだ。

杉山城（埼玉県）で横矢ごっこをして遊んでみた。左手には虎口に向かう土橋が見えていて、足元との間は空堀になっている。わかるかな？

⑩陣屋——知られざる小宇宙

小さい、弱い、でもいとおしい

俗に「三百諸侯」というくらい、江戸時代の日本には、たくさんの大名がいました。でも、その大名たちが全員、城を築いて住んでいたわけではありません。

1万石〜3万石くらいの小さな大名は、城を持つことができませんでした。かわりに、**陣屋**《じんや》と呼ばれる屋敷に住んでいたのです。その数、およそ100。全国の大名家の3分の1くらいは、城ではな

三日月陣屋（兵庫県）。

く陣屋住まいだったことになります。

1万石や2万石の大名では、動員できる兵力も200人からせいぜい500人くらい。これだと、一揆を押さえるくらいなら何とかなりますが、本格的な戦争になったら、自力で城に籠もって領地を守るのは、ちょっと無理。

だいいち、財力が乏しくては、本格的な城を築いて維持することができません。そこで幕府は制度上、城を持つことのできる大名と、そうでない大名とに、ランク分けしたのです。

一方、1万石以下で幕府に直属する武士が旗本ですが、旗本の中には数千石の領地を地方に持っている家もありました。このグループを、交替寄合《こうたいよりあい》といいます。彼らは、自前で領地を治めていて、大名と同じように

三日月陣屋の森家は1万5千石。右の写真のように正面から見ると立派だが、横へまわるとこのとおりスッカスカ。すぐ後ろは高台になっていて、これでは戦いようがない。

三日月陣屋の正門は堂々たる櫓門。城っぽくて、ここだけ見ると、かなり立派！ちなみに、三日月藩森家は津山藩森家の分家。森家はもともと織田信長の家臣で、ヤンチャな家柄で鳴らしていた。

参勤交代もします。いわば、なんちゃって大名みたいな存在ですが、彼らの本拠地も同じく陣屋と呼ばれます。

その他に、大名家が飛び地を治めるために設けた代官所や、幕府が直轄領（天領）を治めるための代官所も、陣屋と呼ばれることがあります。今回は、小さな大名たちの陣屋にスポットを当てて、陣屋の意外な魅力をご紹介しましょう。

陣屋の規模や形は、さまざまです。築いた大名の石高＝財力や、おかれた立場、お家の事情などによって、決まってくるからです。そして、どの陣屋も、総じてショボいです（笑）。当たり前ですよね。財力がないんですから。ただ、よく見ると、ほとんどの陣屋に共通する要素に気がつきます。それは、占地です。

秋月陣屋（福岡県）は秋月黒田家5万石。普通なら城持ちになる石高だが、福岡黒田家の分家なので、遠慮して陣屋で済ませている。周囲には陣屋町の風情がよく残り、散策すると楽しい。

城の場合は、攻めにくく守りやすい地形を選んで築きます。ところが陣屋の場合、すぐ後ろに高台があったり、まわりが中途半端に開けていたりと、守るには不利な地形に築かれているケースが多いのです。はっきりいって、弱そうです。

そのかわり、住み心地のよさそうな地形や、交通の便のよさそうな地形に占地しています。どのみち、ガチの戦争になったら守り切れないので、難攻不落はあきらめて、最初から領地を治めることに専念しているのです。

でも、よく見ると、城下に面した正面側だけ立派に作ってあったり、正門だけは小さいけどカッチリ枡形虎口にしてあったり。意外に見栄っ張りだったりする

小島陣屋（静岡県）の表門。石垣でカッチリ囲まれた枡形虎口。でも小さすぎ。ガチで攻めてきたら、防げないだろうなあ。

林田陣屋（兵庫県）は建部（たけべ）家1万石。石垣のほか、敬業館という藩校の講堂が残っている。小藩でも藩士の教育に手を抜いていなかったことがわかる、貴重な建物。実は、兵庫県は陣屋の宝庫なのだ。

のです。「小さいけど、ウチだってれっきとした大名だからね」と自己主張しているみたいで、その健気さが何だかいとおしくなってしまいます。

門や御殿といった建物が、意外に残っていたりするのも、陣屋の魅力。そして、サイズが小さい分、時代が身近に感じられる気がします。歩いていると、殿様やご家老様が、そのへんからひょっこり顔を出しそうです。

大小さまざまな大名がいて、大きくて強くて立派な城ばかりではなく、小さくて弱くてショボい陣屋もあって、そうやって全体でひとつの社会、ひとつの時代が形づくられている。そんなことに気づかせてくる陣屋たち。僕は、好きです。

column

ちょいと一服

秋月の陣屋町を散策中に立ち寄った茶店に、「むし雑煮」という看板が。見たことのないメニューだったので、さっそくいただいてみる。茶碗蒸しの中にお餅が入っている感じで、おいしく小腹を満たしてくれた。こんなふうに、事前にあまり情報収集せずに、自分のカンを頼りにおいしいものを見つけるのも、僕流の城の楽しみ方。

第4章

chapter.4

城のいろいろな楽しみ方

JAPANESE CASTLE

①これでいいのか日本の城歩き

城の本は不要な用語だらけ

城のことを知りたくなって、何か本でも読んでみよう、と思って書店に行くと、城の入門書やビギナー向けの城の解説書が、たくさん並んでいます。

手にとってページをめくってみると、天守や石垣といった項目ごとに解説が書いてあって、用語が次々と出てきます。一見わかりやすそうですが、早い話、これって教科書や参考書のスタイル。つまり、城のことを知りたいのなら、学校の勉強みたいに、用語を順番に覚えていきなさい、というわけです。

でも、それでいいのでしょうか。大人になって、趣味や楽しみで城に興味をもったのに、また学校みたいに勉強するのって……。だいたい、城についての知識を増やすこと、用語を覚えることと、城がわかるようになることとは、別じゃないでしょうか。

それに、世間に出回っている城の入門書・解説書に出てくる用語の中には、「これ、本当に覚える必要があるの？」と思えるものが、実はたくさんあるのです。

延岡城（宮崎県）の石垣。建物は一切ないが、立派な城である。こうした城が、城として研究されるようになったのは、意外に最近のことだ。

なぜ、こんなことになっているのかというと、城の研究が遅れているからです。城そのものの研究が本格的に進められるようになったのは、この30年か40年くらいのこと。意外に最近なんです。それまでは、トラベルライターのような人や、建築史の専門家が城の本を書くことが多かったようです。

建築史の先生は、天守などの建物には詳しいのですが、石垣や縄張りのことは専門外。彼らにとって、石垣は建物の土台でしかありません。そこで、江戸時代に書かれた軍学書《ぐんがくしょ》というものを元ネタにしました。

江戸時代には、武士の嗜み・教養としての「軍学」というジャンルがあって、その中に城のことも書かれていたからです。

でも、よく読んでみると、机上の空論みたいな話がたくさん出てきます。なぜ、軍学が机上の空論になってしまったのかというと、逆説的な言い方になりますが、もともと軍学が、武士たちの戦いのための実学を目指していたからです。

つまり軍学では、日本人が、どのように城を築いてきたかを研究しているわけではないのです。次に城を築くとしたら、どんなオプションがあって、それぞれのオプションごとに、どんなメリットとデメリットがあるのか、というセミナーなのです。

とはいっても、何せ世は泰平ですから、理論を実地に確かめるすべがありません。こうして、机上の空論となった軍学の本を元に、城の本が書かれて、その本

弓や鉄砲を使うときは右半身の姿勢になるから、右半身で戦いやすいように縄張りを工夫するとよい、みたいな話が軍学書には出てくる。こんな狭間から撃つのなら、どっち半身でもあまり関係ないと思うけど……。

弘前城天守。破風の内側にぶら下がっている「のどちんこ」みたいな板を「懸魚(げぎょ)」と呼ぶ。こんな用語も知っていて損はないと思う……。でも、城マニアが懸魚について語るのを聞いたことはない。

を下敷きにして次の本や雑誌の記事が書かれて……、と繰り返された結果、城の本は覚える必要のない用語だらけになってしまったのです。

これは、おかしい。そう思ったので、この本では、「城の原理」みたいなものがわかるような説明を心がけてみました。なので、本文も読み物風に書いてあります。

用語も、全体の流れをおさえるために最低限、必要なものだけに限って、説明することにしました。学校の勉強みたいに知識を詰め込んだからといって、城がどんなものかが飲み込めなければ、しかたがないからです。

この本を読んで、城の面白さや、城歩きの楽しさがわかって、もっと詳しいことが知りたくなったら、こんどは他の本も読んでみましょう。

column

二条城のバッハ

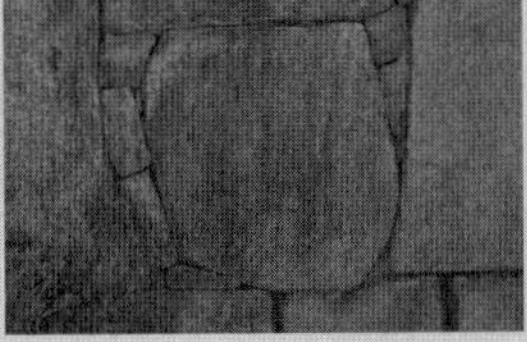

写真は、二条城を歩いていて見つけた面白石垣。バッハでしょうか。バッハって、「音楽の父」とかいわれて何だかエラそうだし、肖像画で見ると気むずかしそう。でも、お勉強をはなれて素直に聞けば、ハッとするような美しいメロディに満ちています。城も、参考書式のお勉強で用語を覚えると、現地で知識を確認して歩くような見方になってしまう。それ、本当に楽しい？　知識にこだわらずに歩けば、いろいろ面白いものも見つかるのだ。

②復興でも模擬でも天守

どこまで楽しめるかが勝負

城にはいろいろな見どころがあるけれど、何のかんのいっても、やはり最大の盛り上がりポイントは天守です。城のある街へ行って、天守が視野に入ってきたときのうれしさ。城の中心部に向かうにつれ、だんだん天守が大きくなってくるときの、ワクワク感。

本丸に足を踏み入れたとき、どどーんと目の前にそびえる姿に、わーっとテンションが上がる感覚——城歩きを何十年つづけても、この感覚は変わらないでしょう。

さて、第1章⑨で述べたように、現存している本物の天守は、たったの12棟。日本全国に建っている天守のほとんどは、鉄筋コンクリートで外観のみ、それらしく造った復元天守、復興天守、または模擬天守です。

ですから、現存天守はとにかく貴重。ひととおり見学したら、はい次！　なんて、もったいない！　できるだけ、あらゆる角度からながめ回して、じっくり味わいたいものです。現存天守のある城へ行くときは、スケジュールに余裕をもたせることをオススメします。

丸亀城天守。小さな割に（というか小さい分）デザインに凝った天守なので、ミニチュアっぽさはあるが、やはり本物独特の風格を感じる。（写真協力／Ogi）

これにくらべて、コンクリ製の復元・復興天守や模擬天守は、内部に入ると、作り物感がモロに出ていて、気分がさめてしまうこともあります。コンクリ天守は、内部が展示施設になっていますから、そこは展示物を見学する場所、と割り切りましょう。

でも、火災や空襲などで失われた天守が、外観だけでも見られるなんて、うれしいことではないですか。建っていることに感謝して、まずは雰囲気を楽しみましょう。外観復元天守は、外観をどこまで楽しめるかが勝負です。どの角度から眺めると、カッコよいか。どのアングルで写真に撮ると、うまく写るか。

建物によっては、配管や配線、避難通路などが雰囲気をジャマしていたり、経年劣化でコンクリ味がモロに出ている箇所があったりします。それらが、うまく樹木などで隠れるようなアングルを探してみましょう。

復興天守も、外観復元天守と同じように外観を楽しむのが基本です。復元天守よりは考証度が落ちますが、逆にそこを楽しむ手もあります。展示してある資料や、パンフレットに載っている古写真と見比べながら、どのくらい実物と違っているか、間違い探しをしてみると意外に楽しいですよ。

模擬天守は、もともと天守のなかった場所に建ててしまったりしているわけですから、考証的にはアウトです。インチキだから存在が許せない、という人もいますが、存在している以上は、せっかくですから楽しみましょう。

僕のおすすめは、城を見る目がある程度肥えてから、模擬天守を見に行くことです。城として、どこが変なのか考えながら眺めてみると、自分の成長に気がつきます。ただし、それを知らない人に得意げに講釈したり、批評家ぶってＳＮＳに書き込んだりすると、たんに無粋になります。気の合った仲間と、ネタとして楽しむくらいがよいでしょう。

こうやって、いろいろな天守を見てきたら、もう一度、現存天守を訪れてみましょう。何百年もその場所に立ち続けてきた、本物だけがかもし出す質感や存在感に、あらためて心が動かされると思います。

そして、もう一度、細かいところや構造などを、じっくり観察してみたくなります。そうしたら、天守について詳しく書いてある本を読みましょう。最初はチンプンカンプンだった用語の意味が飲み込めて、きっと知識が身につきます。

浜松城の復興天守。浜松城には５重の天守があったらしいが、資料がないため形は不明。戦後に建てたコンクリ天守は３重なので、天守台が余っている。でも、これはこれで愛嬌があって憎めない。

岡山城。天守は空襲で焼失し、戦後に鉄筋コンクリートで外観復元された。焼失前の写真と比べると細部に違いがある。

JAPANESE CASTLE

③ホンモノの楽しみ

天守だけ見て帰るのはもったいない!!

世の中のほとんどの人は、お城=天守だと思っています。なので、「お城」がコンクリ製だとわかると、「なーんだ、本物じゃないのか」と、そそくさと帰ってしまいます。

でも、この本を読んでいるあなたは、もうわかっています。復元天守や復興天守のある城には、石垣や堀も残っています。櫓や門の本物が残っている場合だってあります。天守がコンクリ製でも、それらは間違いなく本物です。築かれてから数百年の風雪に耐えて、いま、あなたの目の前にあるのです。

コンクリ天守を見て、つまらなさそうに帰って行く観光客の皆さんは、本物の城を見る楽しみを自分で捨てているようなものです。あー、もったいない！　コンクリ天守だって、本物の石垣や堀に囲まれて建っているからこそ、城としてのオーラを発するのです。

数百年の風雪に耐えてきた、本物に出会う楽しみ。本物と向き合う楽しみ——それこそが、城を歩く楽しみの、いちばん大切なところではないでしょうか。

最近、戦国時代の土の城にも、建物を復元するケースが増えてきています。発掘調査で見つかった柱の位置などをもとに、考証を行って復元したものです。

また、近世の城では、現地を歩きながらVRで昔の様子を再現して見せる技術を取り入れる

遠江小山城（静岡県）の模擬天守。本来は天守のない戦国時代の城に天守風の資料館を建ててしまった例。近くで見ると、コンクリ感が出てしまっている。

遠江小山城に残る三重の空堀。模擬天守の目立つ城だが、土塁や空堀がよく残っていて、複雑な虎口の縄張りなど土の城好きには必見なのだ。

ところが増えてきました。いまは石垣しか残っていないけど、VRのゴーグルを付けると、石垣の上に失われた天守や櫓が再現され、昔の城内を歩いている気分になれる、という寸法です。

こうした復元やVRは、はじめて訪れる人や、城のことをよく知らない人に、イメージをもってもらうには有効でしょう。ただ、城の専門家の目から見たとき、必ずしも納得できる復元とはかぎりません。復元は、あくまでひとつの案にすぎないのであって、絶対的な復元など学術的にはありえないのです。なのに、専門家が考証したから間違いない、みたいなイメージがまかり通ってしまうのは、少々問題ではないでしょうか。

もっと問題なのは、残っている本物に関心が向かなくなることです。戦国の城に建物を復元すると、訪れた人の多くは「ふーん、こんなものか」と思います。自分がイメージしている「お城＝天守」のイメージとくらべると、「しょぼい」と感じるので、残っている堀や土塁には興味が向かず、説明板も読まずに帰ってしまいます。

VRも、ゴーグルをのぞくと華麗なお城の姿が広がるので、それで納得、満足。目の前にある本物の石垣や堀は、スルーしてしまいがちになります。もったいないですよね。

復元は、どんなに考証を重ねても、精密でも、しょせんは復元。決して本物にはなれません。だからこそ、本物にはかけがえのない価値が宿るのです。考証を重ねれば本物と同じものを造ることができる、などというのは、現代人の欲望と思い上がりでしかありません。

○○城に建物が復元された、▲▲城でVRの体験サービスがはじまった――そんなニュースにふれると、見に行かなければ取り残されそうな気がして、焦ります。

でも、VRや復元は、あくまで本物を理解するためのサポートです。本物は逃げませんから、情報に踊らされるより、まずは本物を見る目をじっくり養った方が、得策ではないでしょうか。

近年建てられた尼ヶ崎城（兵庫県）の模擬天守。一応、古写真を参考にした設計だが、立っている場所が城の本丸ではない。住宅街の中にいきなり天守が建っているのはちょっと奇異な光景。

④身近な城を楽しむ

名城めぐりで本当に幸せになれますか？

城に興味をもった人は、まず日本の代表的な名城を歩いてみましょう――これまで、城の入門書や、ビギナーさん向けの講座では、そのような城めぐりがすすめられてきました。テレビ番組でも、城好きの有名人が登場して、日本各地の名城を紹介します。すばらしいですよ、ぜひ行ってみましょう、みたいに。

そうして、もっとも代表的な名城を100箇所くらい回ったら、次点クラスの名城を100箇所。あるいは、ネット上で城マニアから、「すごい」「すばらしい」と評判な城……という具合に、城歩きの世界にハマってゆくのが、お決まりのコースとされていました。

名城や評判の城をめぐって歩くとなると、日本中を旅行して回ることになります。でも、名城めぐりや、たくさんの城へ行くことがむつかしい立場の人だって、いますよね。

仕事や家庭の都合で、なかなか連休を取れない。お小遣いが限られていて、あまり遠くへは行けない。世の中全体が、旅行を控えなくてはいけない状況、という場合もあります。

小田原城。神奈川県民なら、まずはこの城を訪れてはいかがだろう。あなたの住む地域にも、何かしらの城はあるはず。

そうした事情があるのに、まずは全国の名城めぐりから、といわれても困ってしまいます。全国の名城めぐりができないのなら、城を好きになってはいけないのでしょうか。どうすればよいのでしょう?

考え方を変えてみましょう。城に興味をもったら、全国の名城めぐりからはじめなければならない、などという決まりはどこにもありません。まず名城から順番に、という固定観念を捨てればよいだけのことです。最初は、手近な城へ行ってみては、いかがでしょう。

全国の名城ベスト100や200

は、地域のバランスを考えて選んでいます。あなたの住む県の城も、2つや3つは入っているはず。まず、そうした城から足を運んでみましょう。

名城ベストに入らない城となれば、あなたの住む街や、その近くにいくつもあるはずです。とくに、戦国の山城は、名城だからといって、城歩きに慣れていない人が、いきなり行ってもよくわからないですし、危険です。訪問者を本気で拒むからです。

山歩きをはじめようと思った人が、名山だからといって、いきなり槍ヶ岳とか登らないでしょう? 城歩きも、名城だからといって難度の高い城に行くのは、やめましょう。無理は禁物。できることから、はじめればよいのです。戦国の土の城でも、公園になっていたり、遊歩道が整備されているところもあります。図書館や役所、観光案内などで調べてみましょう。それから無理をせずに、少しずつ行動範囲を広げてみればよいのです。

そんなふうにして、城を見る目、城を楽しむマインドを、自分なりに養ってゆけばよいのではないでしょうか。いつか全国の城を自由に歩ける日がきたとき、あなたが自分の中に養ってきたものは、きっと役に立

茅ヶ崎城は市営地下鉄の駅から徒歩5分。城跡は公園化されていて、空堀や土塁がよく残る。戦国の城でマイクロツーリズムを楽しんでみては?

つはずです。

また、城を歩いているうちに、地元の歴史に関心をもったり、土地の自然や地質・地形、歴史的な建物に興味がわくことだって、あるかもしれません。結果として城歩きがお留守になっても、よいではないですか。

あなたの人生が豊かになる入り口として、城歩きが役に立ったのなら、この本を、あなたに読んでもらった甲斐があるというものです。

熊本城。復元天守は復旧が進んでいるが、各所の石垣や櫓はまだこれから。どうせなら、世情が落ち着いて復旧が進んでから、じっくりと訪れたいものだ。

⑤城歩きを楽しむための写真講座

専門家が本気で教える城写真を撮るための極意

[プロのような写真ではなく……]

城を歩くとき、カメラやスマホで写真を撮る人は多いと思います。撮った写真をＳＮＳにアップして楽しむ人も、いますよね。でも、

「自分が実物を見たときの感動を、写真でうまく伝えられない」

「撮っても撮っても、樹木や藪ばかり写ってしまう」

みたいな、悩みを抱えている人も、いるのではないでしょうか？

そこで、世の中には「お城写真上達のコツ」みたいな講座や、雑誌・ムックの記事などがあります。でも、ぶっちゃけ書いちゃいますね。そうした講座や記事は、思ったほどあなたの参考にはならないでしょう。

なぜなら、講師や執筆者がプロ――城写真の得意なプロ――写真家や編集者だからです。

ふつうの城好きと、プロとの間には、決定的な違いがあります。

大垣城。天守を撮りたいのだけれど。本丸はせまい上に木が茂ってうっそうとしており、看板などもジャマ。こんなとき、どうする？

まず第一に、当たり前ですが、腕――つまり技術が違います。プロの技術とは、単に手先の問題ではありません。写真の理論やカメラとレンズの仕組みなど、専門的に学んだ知識と、業界人こその情報と、豊富な経験に裏打ちされたものです。一般人には太刀打ちできません。

第二に、これも当たり前ですが、使う機材が違います。1台1万円のコンデジと、50万円の高級カメラで、写りが同じなわけはないですよね。高級カメラには、高度な機能がたくさんついていて、プロはそれを使いこなします。とても太刀打ちできません。また、素人が知らないような、さまざまな小道具を持ち歩いて、使いこなしたりもします。

第三に、もっとも決定的な要素として、写真を撮るための行動がまったく違います。プロは、よい写真を撮ることから逆算して行動を組み立て、そのためのスケジュールを組んでいます。

以上の三つから成り立っているプロのノウハウを伝授されても、一般人には応用ができません。だって、われわれは観光旅行や家族旅行のついでに、城をパシャっと撮って歩くだけなのですから。技術や機材や行動原理が、そもそも違っている、プロのノウハウは、参

豊臣秀吉が小田原攻めのために築いた石垣山城。枡形虎口を撮ろうとしたのだけれど、これでは山林の写真だ。

考にならないのです。

アマチュアでも、プロ並のすばらしい城写真を撮って、インスタやブログに上げている人がいます。自分もこんな写真を撮ってみたい、とあこがれますが、技術や機材や行動原理がそもそも違うので、簡単にはマネできません。自分は写真を撮るために城を歩こう、という決意を固めないかぎり、あこがれない方が精神衛生上よろしいと思います。

そこで、この本では、観光旅行や家族旅行のついでにパシャっと撮る城写真を、もうワンランクアップさせる、ちょっとしたコツをお話しします。というか、城写真ワンランクアップのための呪文を5つ、授けます。

岡山城。旭川の対岸から撮ったのだが、逆光で写りがイマイチ。プロなら光の差し方を考えながら早朝から行動する。

《切り取りは引き算》
《じゃまものは動いて消せ》
《広角レンズは一歩前へ》
《望遠はくっつき効果を使え》
《城はAモードで絞れ》

です。それでは順番に説明しましょう。

[ワンランクアップの呪文]

城に限らず、写真とは「切り取りの術」です。「切り取りの術」の極意は、引き算です。余計なものや邪魔なものは極力、画面からカットするのです。

なぜかというと、人間の目と脳は、とても都合よくできているからです。人間は、自分が見たいものにフォーカスして、頭の中で都合よく画像を再構成しながら感動しています。でも、カメラのレンズは、ありのままを写します。なので、城を見て「わあ!」と感動した瞬間に、その場でシャッターを切っても、何となくうす〜い写真にしかならならないのです。よけいなものが写り込みすぎていて、何が撮りたかったのか、ハッキリしなくなるからです。

まず、自分が何に心を動かされたのか――美しいと感じたのか、カッコいいと思ったのか――ハッキリさせましょう。そして、よけいなものを画面から排除します。たとえば、青空と天守の白壁とのコントラストがステキ、と感じたのなら、天守台の石垣は大胆にカットしてみます。逆に、石垣の積み方が美しいと思ったら、いちばん美しく感じた箇所だけを切り取ってみる、といった具合です。

写真を撮るときは、一眼レフやミラーレスならファインダーを、スマホやコンデジなら液晶画面を見ますよね。このとき、つい画面の真ん中を見つめてしまいがちです。でも、写したいものが決まったら、画面の4辺に目を走らせましょう。よけいなものを排除できます。

というわけで、最初の呪文は**《切り取りは引き算》**です。

構図を決めることをフレーミングといいます。一眼レフやミラーレスのようなファインダーの方が、フレーミングを正確にできるメリットがあります。ファインダーの方が暗く区切られているので、意識を集中させやすいからです。

小田原城を訪れたら、イベント準備のため本丸は工事現場状態。天気もいいし、天守のカッコイイ写真を撮りたかったんだけれど……。

ほんの数m動くだけで、このとおり。写真は上手い切り取り方を見つけた人が勝ち！

どうせなら思い切ってこんな切り取り方も。天守の全体を撮ってひと安心したら、次は面白い切り取り方をさがしてみよう。

それに、のぞくときにカメラを顔に密着させるので、構図がブレません。火縄銃を撃つときに、銃床を頬に密着させて狙いを安定させるのと、同じです。

逆に、スマホやコンデジは画面を目から離して構えるので、フレーミングがラフになりがちです。あまりシビアにフレーミングを決めても、シャッターを押すまでにズレてしまうことがあるので、画面の4辺を見ながらカツカツにならないよう、少し余裕をもたせるとよいでしょう。

［広角レンズ攻略法］

写真は、使うレンズによって写り方が違います。一眼レフやミラーレスタイプのカメラは、いろいろなレンズを付け替えて、使い分けられるのが強みです。

ざっくりいうと、広い範囲を写し込めるレンズを広角レンズ、遠くのものを大きく写せるレンズを望遠レンズといいます。また、写す範囲を連続的に変えることのできるレンズが、ズームレンズです。

一眼レフやミラーレスタイプのカメラを買うとき、ふつうはズームレンズが付いてきますし、コンデジなら最初からズームレンズが組み込んであります。このタイプのズームレ

名古屋城。ありがちな残念写真。石垣の足場も、左のお兄さんもジャマ。鯱（しゃち）が切れているのも残念。

ちょっと動くだけで、このアングルが見つかる。スマホやコンデジで天守を撮るときは、鯱が切れないように頭の上に少し余裕を持たせよう。

ンズなら、広角から望遠まで1本で間に合います。

一般向けの一眼レフやミラーレスだと、常用ズームと望遠ズームのダブルズームセットで売っていることも多いです。ふつうに城を撮るのなら、35㎜判換算値で広角28㎜（画角約74度）〜望遠100㎜（画角約24度）くらいをカバーできるズームレンズがあると、たいがい間に合います。

さて、城を撮るときには、広い範囲を写し込める広角レンズ（ズームの広角側）を使うことが多くなります。城の広さ、石垣や堀のボリューム感を写すには、広角レンズが便利なのです。


ただし、覚えておきたいことがあります。広角レンズは、広い範囲を写し込む分、遠近感が強調された描写になります。人間の目で見ている感覚より、近くのものはより大きく、遠くのものはより小さく写る、ということです。

城を撮ったのに、手前の植え込みや柵や、通行人ばかり目立ってしまって、かんじんの天守や櫓は、後ろの方に小さく写っているだけ――そんな経験、ありませんか？　土の城を歩く人なら、堀や土塁を撮ったはずなのに、ヤブばかり写っているという経験をした人は、多いはず。

江戸城の桜田門。手前の高麗門と奥の渡櫓門を、広角レンズで一枚に収めてみた。広角だと遠近感が強調されるので、枡形の広さが感じられる。

同じ場所から望遠レンズで撮ってみた。望遠は遠近感が圧縮されるので、門が折り重なるイメージ。被写界深度が浅くなるので渡櫓門はアウトフォーカス気味。

原因は、コレ――広角レンズ特有の遠近感が強調された描写です。写したい天守や土塁は向こうにあるので小さくなってしまい、手前の草木ばかりが大写しになるのです。

解決法は、簡単です。最初に撮ろうと思った場所から、できるだけ前に踏み込むこと。踏み込むことで、じゃまものをかわせます。柵やロープがある場合は、体が柵やロープにピッタリくっつくまで、できれば身を乗り出すくらい、踏み込みます。規制線がない場合は、ここぞと思った場所から、さらにもう一歩踏み込んでみましょう。ただし、ファインダーをのぞいたまま踏み込むと、堀に落ちたりするので、足元には充分ご注意を！

そして、踏み込むと同時に、左右に動いてみます。広角レンズでは、撮る位置を少し変えるだけで、写る範囲が大きく変わります。ほんの一歩、たったの1m左右に動くだけで、びっくりするくらい、じゃまものをかわせるのです。こんど城へ行ったら、ダマされたと思って試してみて下さい。

呪文を二つ授けます。**《広角レンズは一歩前へ》《じゃまものは動いて消せ》**です。

［望遠レンズの極意］

望遠レンズというと、望遠鏡のように遠くのものを大きく写せる、というイメージがあります。そのとおりなのですが、ひとつ、気づいてほしいことがあります。望遠レンズは

丸子城（静岡県）の本丸。山城へ行って広角レンズで撮ると、つい、こういう写真になる。後ろに土塁があるの、わかるかな？

ほんの一歩、右前に踏み込んで構図を変えてみた。画面に立体感が出て、後ろに土塁があるのもわかりやすくなったでしょう？

広角レンズの反対です。ということは、描写の特徴も逆になる、ということです。

広角レンズには、遠近感が強調される特徴がありました。ということは、望遠レンズでは、遠近感が薄まるわけです。景色のごく一部を切り取って、引き寄せるように写すことになるので、遠近感が圧縮されるのです。本当は離れているものが、折り重なって、くっくように写ります（195ページの写真参照）。

この特徴がわかっていないと、単に何かが大写しになっているだけの絵になります。逆に、望遠レンズの特徴が飲みこめていると、遠近感の圧縮効果、くっつき効果をうまく使って、カッコいい写真が撮れます。

たとえば、城をバックに友達や家族を撮るとします。このとき、望遠レンズをうまく使って、人を立たせる位置を工夫すると、櫓と人とを同じくらいの大きさで、人のすぐ後ろに櫓が迫っているような構図で撮ることができます。**《望遠はくっつき効果を使え》**です。

ただし、望遠レンズには特有のむつかしさもあります。まず、望遠鏡のようなものなので、手ブレが起きやすくなります。シャッターを切るときにカメラが少しでも動くと、画面がブレて、ボケボケの写真になってしまうわけです。当然、望遠になればなるほど（焦

P186と同じ石垣山城の枡形虎口。ほんの一歩踏み込むだけで、立木が写らなくなるし、通路がL字に折れて枡形になっている様子もわかる。

P.185の大垣城。本丸のまわりを歩けば、ベストなアングルはすぐに見つかる。ズームを少し望遠側にして、よけいなものをカット。

点距離が長くなればなるほど)、手ブレは起きやすくなります。

　いまは、たいがいのデジカメに手ブレ補正機能がついています。とはいえ、望遠レンズを付けているのに構え方が雑だったりすると、補正しきれません。手ブレを防ぐには、カメラをしっかり構えるのが基本です。

　プロは頑丈な三脚を使いますが、観光旅行やデートで三脚を持ち歩くのは、うざいです。立木などに腕を押しつけたり、体をもたれさせるだけで、かなりの手ブレ防止ができることを覚えておきましょう。

江戸城桜田門を堀端から望遠レンズで狙ってみる。桜田門と丸ノ内のビル街との間には皇居外苑が広がっているのだが、望遠の圧縮効果を使ってビル街の中にたたずむ城の感じを出してみた。

もうひとつ、望遠で撮るときは、被写体（写したいもの）との距離が開きますから、間によけいなものが入り込みがちです。立木、看板、通行人などなど。なので、カメラを構える場所を、うまく見つけられるかが、望遠使いこなしのコツになります。

ここまでの話を整理します。広角レンズでは、画面の奥行きは遠近感で表現されますが、望遠レンズでは、遠近感が圧縮されるので、画面の奥行きは前後の並びで表現されることになります。

では、城を撮るときの、広角と望遠の使いこなしを、具体的に考えてみましょう。たとえば、天守か櫓を撮るとします。

広角で天守を大写しにしようと思ったら、思い切り足元にもぐり込んで撮る感じになります。そうすると、広角では遠近感が強調されますから、天守台の石垣が大きく写って、建物が上すぼまりに写ります。天守を仰ぎ見たときの、天をつく高さ、みたいなイメージになりますね。

望遠だと、遠くから引き寄せる感じになるので、建物の奥行きより正面形が強調されます。すっくと立っているプロポーションの美しさ、りりしさ、みたいなイメージを写したいときは、望遠を使うとよいでしょう。天守の一部——たとえば、破風や窓の組み合わせがカッコいいなあ、と感じたときも、望遠ですかさず切り取りましょう。

［被写界深度に気をつけろ］

広角と望遠の使いこなしについて、もうひとつ覚えておきたいことがあります。被写界深度、というテーマです。被写界深度とは、わかりやすくいうと、画面の中でピント合っている範囲（深さ）のことです。

江戸城。デジカメは手前の被写体にピントを合わせがち。望遠で絞りを開けて被写界深度を浅くして手前にピントを合わせると、こんな雰囲気のある写真に。

画面の手前から奥までピントが合って、シャープに写っている状態を、被写界深度が深い、といいます。逆に、画面の一部だけにピントが合っていて、前後がボケている状態を、被写界深度が浅い、というわけです。

広角では被写界深度が深くなり、望遠では被写界深度が浅くなる傾向があります。アイドルのグラビアでは、背景がふわっとボケていて、アイドル本人が浮かび上がるように写っていたりしますよね。あれは、高級な望遠レンズを使って、被写界深度を思い切り浅くして撮ってい

今度は絞り込んで被写界深度を深くして撮ってみた。この方が、城っぽさは出るよね。遠くに国会議事堂も見える。

るのです。

ただ、アイドルのグラビアみたいに、浅い被写界深度をうまく使って、美しい写真を撮るのは、けっこうむつかしいことなのです。被写体や背景の選び方、画面の構成などがハマらないと、なかなかよい写真になってくれません（アイドルは最初から被写体として美しいけど）。

われわれ素人が城の写真を撮る場合は、被写界深度は深めにキープした方が、間違いがないでしょう。

たとえば、さきほど例に挙げたような、天守バックに友人や家族を撮る場合。人物も背景の天守も、シャープに写し込みたいですよね。

実は、レンズには、被写界深度を調節するメカが組み込まれています。絞り、というメカです。人間の瞳と同じように、開いたり閉じたりして、レンズを通る光の量を調節するメカです。

この絞りを開ければ開けるほど被写界深度は浅くなり、絞り込むほど被写界深度は深くなる、という寸法です。つまり、城を撮るなら、レンズは絞り気味で使った方が無難、というわけです。では、どうすれば絞りを調節できるのでしょう?

[Aモードで行こう]

写真は、カメラのセンサー(昔はフィルム)に光が当たることで写ります。当たる光の量が足りないと暗くしか写りませんし、多すぎると白く飛んでしまいます。露出オーバーというやつですね。うまく写るためには、露出を適正に調整しなければならないわけです。

露出は、水道の蛇口からバケツに水を張るようなものです。蛇口を全開にすれば水はすぐにたまりますし、蛇口を絞れば時間がかかります。レンズの絞りは、蛇口の開け閉めに当てはまります。水を入れる時間は、シャッターを開けている時間、つまりシャッター速度です。露出は、絞りとシャッター速度の組み合わせで決まる、というわけです。

デジカメには、露出をお任せにできるフルオートのモードが付いていて、カメラのマークや、iAutoなどと表示されています。たいがいの人は、このフルオートモードで撮っていると思います。一般的な写真なら、ほぼ失敗がないからです。

でも、城の写真をワンランクアップしたいのなら、フルオートモードはおすすめできません。なぜかというと、カメラのことを何も知らない人が、家族や友人のスナップなどを撮るような場面を前提に、設計されているからです。

カメラに不慣れな人が、日常生活で家族スナップなどを撮るとき、いちばん失敗の原因になるのはブレです。望遠レンズで子供の運動会を撮るときも、ブレは大敵ですよね。なので、フルオートモードは、ブレ防止を優先した設定になっています。ということは、できるだけ速いシャッターが切れるように、被写界深度は浅めになりがちになるのです。

一方、ほとんどのデジカメには、いくつかの露出モードが備わっていて、ダイヤルにS、A、Mなどの文字で表示してあります。

Sは、シャッター速度優先オートの意味。撮る人がシャッター速度を選ぶと、カメラが絞りを調整してくれます。動きの速いものを写すときや、手ブレを防ぎたいときに有効なモードです（キャノンのカメラは伝統的にTvの表記を使います）。

Aは絞り優先オート。絞りを選ぶと、カメラがシャッター速度を調整してくれます（キャノンはAv表記）。Mはマニュアルで、シャッター速度も絞りも自分で選びます。自動車と同じで、マニアックなモードです。

城の写真をワンランクアップしたいのなら、僕はAモードの利用をおすすめします。被写界深度を確保しやすいからです。城を撮るときは、モードをAに合わせて、ダイヤルなどで絞りを調節します（取説をよく読みましょう）。絞りは、f値という数値で表示されます。数字が小さいほど絞りが開いた状態、数字が大きいほど絞り込むことになります。広角レンズで城や風景を撮るときは、f8以上に絞っておけば、ほぼ大丈夫。f16くらいまで絞ると、手前から遠くまでピントの合った、シャープな写真が撮れます。望遠は、もともと被写界深度が浅いので、奥行きのある写真を撮るには、できるだけ絞り込みたいですね。**《城はAモードで絞れ》**です。

ただし、広角でも望遠でも、めいっぱいまで絞り込むのは、できれば避けましょう。めいっぱいまで絞ると、画質が落ちてしまうからです。

いろいろ説明してきましたが、書いてあることを全部覚える必要はありません。な〜んとなく読んだ記憶があって、気になったらこのページをめくって、「そうだった」と思い出せばよいのです。それに、全部を覚えなくてもすむために、呪文を伝授したのです。

《切り取りは引き算》
《じゃまものは動いて消せ》
《広角レンズは一歩前へ》
《望遠はくっつき効果を使え》

《城はAモードで絞れ》

たった5つの呪文を唱えるだけで、あなたの城写真は、確実にワンランクアップします。

[アイテムをゲットせよ]

写真講座の最後に、あなたの城写真をワンランクアップしてくれるアイテムを3つ、お教えしましょう。どれも数千円程度のリーズナブルなアイテムなので、費用対効果は抜群です。

1つめは、**レンズフード**です。レンズフードとは、レンズの先端に装着する筒のようなアタッ

小田原城。P190下の写真からもう少し動いてみた。このように逆光気味のときは、レンズフードを装着した方が、写りがクリアになる。

チメントです。レンズに、横や斜めから入ってくる光をさえぎることで、写りをクリアーにします。まぶしいとき、額に手をかざすと見えやすくなるのと同じです。意外に効果がありますし、レンズの保護にも役立つので、ぜひ装着をおすすめします。

レンズごとに用意されている専用フードでないと、具合が悪いことがあります。カタログで確認するか、カメラ店で聞いてみましょう。専用フードが品切れの時は、代替できる汎用品がないか、カメラ店で確認してみるとよいでしょう。

2つめは、**プロテクトフィルター**または**ノーマルフィルター**と呼ばれているものです。フィルターとは、レンズの先端に装着するガラス板のようなものです。いろいろな効果をもったフィルターがありますが、プロテクトフィルター（ノーマルフィルター）とは、特に効果のない素通しガラスのようなものです。

このフィルターを装着する理由は、ずばりレンズの保護です。城の写真を撮るときは、植え込みや林の中で動きまわることが多くなるからです。木にぶつかったり枝がはねたりして、レンズが逝《い》ってしまう事態は防ぎたいですよね。

プロやハイアマチュアの写真家は、このフィルターを付けるのを好みません。レンズの性能を最大限に発揮させるには、よけいなガラスを加えたくないからです。ただし、われわれ素人は、万一レンズをダメにすると、次のボーナスまで写真が撮れない、なんてことになりかねませんよね。プロテクトフィルターの装着をおすすめします。

フィルターはフードと違って、口径が合いさえすれば、純正品でなくともかまいません。自分のレンズの口径を確認しましょう。広角系のズーム用には、枠のうすいフィルターを選ぶとよいでしょう。

3つめのアイテムは、**ストラップ**です。ストラップは、カメラを買うと必ずオマケに付いてくるので、たいがいの人は、それで済ませています。でも、いろいろなメーカーから、さまざまなデザインのストラップが発売されているので、付け替えをおすすめします。

好みのストラップを付けると、カメラが自分用にカスタマイズされた感じがして、気分が上がります。この「気分が上がる」というのが、写真が上達する意外な要因になります。

プロがよい写真を撮れる理由のひとつは、高いカメラを使っていることにあります。そうしたカメラは、カタログデータに表れないようなところで、作りがしっかりしていて、手に持つと高級感があります。使ってみると操作感がカチッと決まって、よい写真が撮れそうな気分になります。こうして「気分が上がる」ことによって、感性が研ぎ澄まされて、本当によい写真が撮れるのです。

松本城。これまでの写真は一眼レフやミラーレスで撮ったものだが、これはコンデジ。よいアングルを見つけられれば、コンデジでもこのくらいは撮れる。

プロ用の高級カメラでなくても、フードやフィルターを装着し、好みのストラップに換えるだけで、自分だけのカメラ、という愛着がわいて、撮影が楽しくなります。ストラップの換装は意外なほど効果があるので、ぜひ試してみて下さい。

⑥城を知れば歴史が見える

歴史の原理を理解する

城は、歴史的な存在です。そこで、城を理解するためには、やはり背後にある歴史のことを知らなくては、と思う方も多いでしょう。たしかに、歴史の知識がまったくゼロでは、城の話はチンプンカンプンかもしれません。

歴史の勉強というと、学校の授業で習ったように、用語や人名、年号などを覚えてゆくイメージがありますよね。でも、歴史を知るために本当に必要なのは、知識や用語ではなく、原理を理解して楽しみ方を身につけること、ではないでしょうか。この本の最初の方にも、そんなことを書きましたし、以来ずうっと、そのスタンスでお話ししてきました。

なぜなら、原理を理解して楽しみ方を身につければ、知識は後からついてくるからです。ほら、アイドルグループに興味をもつと、たくさんいるメンバーの顔と名前、キャラとか得意技とか、いくらでも覚えられるでしょう？

城や歴史も同じ。逆に、最初から知識、知識で詰め込んでしまうと、大切な原理みたい

賤機山城（しずはたやまじょう）（静岡県）の坂虎口。マニア的には、美形な坂虎口を集めて「坂虎口46」でもつくってみたい？

なものが、かえって見えにくくなってしまうことがあります。

たとえば、江戸時代の大名には、親藩《しんぱん》、譜代《ふだい》、外様《とざま》の種類があった、と教科書では覚えますよね。このうち、老中や若年寄といった幕府の要職につくことができるのは、譜代だけ。外様大名は、どんなに家格が高くても、財力があっても、頭がよくても、幕府の政治にはタッチできません。なんで、そんな意地悪するの？と、思ったことのある人、いませんか？

幕府、親藩、譜代、外様と用語、用語で覚えようとするから、わからなくなるのです。幕府というのは、要するに徳川家。戦国時代の最後の戦争で徳川家康が勝って、日本最強ポジションを獲得しました。そこで、みんな徳川家のいうことを聞け、文句のあるヤツは一歩前へ、というのが、幕府と大名との基本的な関係。難しい言葉を使うなら、幕藩《ばくはん》体制というものです。

そして、譜代大名と呼ばれているのは、早い話、徳川家の家臣。家臣の中のトップ、つまり徳川家の番頭さんが老中です。一方、親藩とは徳川家の分家です。ですから、本家の番頭さんが徳川家＝幕府を切り盛りするのは、当たり前のことなのです。

この原理がわかっていると、たとえば幕末の京都で、新撰組が会津藩の支配下にあった理由も、すとんと飲み込めます。幕末の京都は政情不安だったので、幕府はアンチ徳川方の動きを封じる必要が出てきました。そこで、浪人みたいな連中を集めて、非正規雇用の治

佐賀城（佐賀県）の鯱の門。佐賀の鍋島（なべしま）家は36万石の大藩で、優秀な殿様も輩出したが、外様なので幕政にはノータッチ。そのかわり国力の充実に力を注いで、明治維新の立役者となった。

浜松城は、譜代大名が入れ替わり立ち替わり城主を務めて、老中・若年寄を輩出したので「出世城」と呼ばれた。戦国時代に家康が本拠とした城なので、徳川家の番頭さんクラスが城主を任せられる。

安維持部隊をつくって、汚れ役をやらせることにしたのです。新撰組です。これは、幕府の政策＝徳川本家の方針ですから、本家が決めることです。

一方、このとき京都守護職に任じられていた会津藩松平《まつだいら》家は、親藩大名。徳川家の分家です。本家が方針を決めて、実働部隊（新撰組《しんせんぐみ》）を分家に預けたのです。京都から帰ってきた近藤勇《こんどういさみ》と土方歳三《ひじかたとしぞう》が幕臣に取り立てられたのも、ご苦労だったね、パートから正社員にしてあげるよ、ということですね。

こんなふうに、城から歴史に興味をもったら、全体の流れや時代の雰囲気、みたいなものをつかむようにするとよいでしょう。何より、好きになること、楽しむことがいちばんです。好きになれば、知識は後からいくらでもついてきますから。

column

百聞は一見にしかず

写真は、城歩きイベントで、空堀の深さを体感するために堀底に寝転がる人たち。一見バカバカしいが、この状態で上からカラーボールを投げられると、討死にする攻め手の気分が味わえる（笑）。こういう体験をしながら城の説明を聞けば、複雑な縄張りの話もすんなり理解できるというもの。百聞は一見にしかず。大切なのは、まず実物に触れて楽しんで、好きになること。

JAPANESE CASTLE

⑦自分の城歩きを見つけよう

沼にどっぷりじゃなくてもいい

城の世界は奥深い、さあ、その深い沼にどんどんハマりましょう——城の入門書を読んだり、入門講座を聞いたりしていて、そんな〝圧〟を感じたことはありませんか？

城を好きになったからといって、人生の中で城歩きを最優先にしなくてはいけないわけではない、ないですよね。城には興味があるし、歩けば楽しい。でも、自分の趣味の中では、城歩きは優先順位3番目か4番目くらいでいい。そんな人だって、たくさんいますよね。

また、城が大好きな人たちは、どうも、行った城の数を競いたがる傾向があります。これも〝圧〟に感じてしまいます。城マニアの楽しげな会話を聞いていると、まるで、行った城の数が多い人ほどエライ、というカーストがあるような気分になってきます。

城は千差万別。ひとつひとつの城が、他と異なっていて、次々に城を歩けば無限の個性と出会える——たしかにそれは、城歩きの大きな楽しみです。ですから、もっといろいろな城を見たい、歩きたい、という気持ちがわくのは、自然なことでしょう。

城を歩きながら描いた図（縄張り図という）を資料として研究を組み立てるのが、僕の専門。研究のためなら、どんなマイナーな城でも踏査する。

でも、考えてみると、日本全国には4〜5万もの城があるのです。ひとりの人間が、その全部を一生の間に回るのは、どだい無理。だとしたら、500だろうが1000だろうが、所詮は五十歩百歩ではないでしょうか。

それに、たくさんの城へ行くことと、城を理解することとは、イコールではないはずです。いくらたくさんの城を歩いたとしても、大切なことを理解できていなかったとしたら、空しくないですか？　どのみち、すべての城を歩くことなど、できないのですから。

僕は、数を競わない城歩きをおすすめします。数を競わなくても、自分なりの城の楽しみ方があればよいではないですか。たとえば、ひとつの城にじっくり付き合ってみては、いかがでしょう。

はじめての城に行くときは、案内板やパンフレットに出ている一般的なコースを歩いて、その城の全体的な雰囲気を楽しみます。2回目以降は、気になった箇所をじっくり観察してみたり、前回うっかり見落としたポイントや、時間切れで回れなかったところをリベンジ。

テーマを決めて歩くのも、楽しいですよ。今回は、櫓と門をじっくり観察してみよう。今日は1日、石垣に付き合ってみよう。ひたすら写真を撮り歩こう。ぶらぁっと散策して本丸でお弁当を食べて、ぼーっとお茶をする、なんていうのも僕は好きです。

深大寺城にて。城の〝沼〟にどっぷりとハマりつつある人たち。深大寺に城があるなんて、ほとんどの都民は知らない。

ちなみに、今回、写真を提供してくれた関西在住のＯｇｉさんは、とても写真の達者な方なのですが、よく城で撮った猫の写真を見せてくれます。「城にいたネコ」といったところでしょうか。また、石垣の写真で利き酒ならぬ「利き石垣」や、「石垣占い」のカードを作っては、友達と遊んでいます。

城の写真を撮るというと、美しく撮る、カッコよく撮る、という方向に考えがちですが、何かテーマに沿って撮ってゆく、というのも面白いですよね。こういう、自分なりの城の楽しみ方を持っている人は、ステキだと思います。

名城めぐりにこだわらずとも、数を競わずとも、沼にもハマらずとも、自分なりの楽しみ方を見つけられれば、よいのです。

そのとき、城はきっと、あなたの人生を豊かにしてくれるでしょう。

江戸城にて。石垣の隙間を埋めるのに、いい仕事してます。このような面白い積み方や、美しい石垣をさがしながら、1日中歩くのも楽しい。これなら、難しい知識も情報も不要。

城といきもの（写真協力／Ｏｇｉ）

和歌山城にて。石垣を上るネコは最高にかっこいい。城だけじゃなく、城やそのまわりの雰囲気も一緒に楽しみ、地元の方とお話しし、美味しいものも摂取して、無事に家に帰りつくまでが私流の城歩き。

大坂城の御金蔵で見かけた「眠りネコ」。なんだか天下泰平な感じ。

長浜城（滋賀県）にて。城にはいろんな生き物がいる。目立つのはヒトとネコ。城にいるネコはかわいいが、飼えなくなったネコを城に捨てに来る不届き者がいるらしい。先住ネコの仲間に入れるとは限らないので、絶対にやめてほしい。

安土城にて。ニホントカゲも意外と石垣の隙間によくいて、メスや幼体のしっぽの青さはずっと見ていたいくらい美しい。

明石城にて。明石城ではたくさんのトンビがお堀を飛んでいるのを見かけた。トンビ以外にも城には珍しい鳥が飛来することがあるので、そこも見逃せない。

AFTERWORD

あとがき

城は待っててくれるから

優勝旗もブラバンもない甲子園。サポーターたちの応援歌《チャント》が響かないスタジアム。昼間の蝉しぐれも、夜の虫の音も、いつもの年と変わることはないのに。お祭りも、花火大会もない夏に、僕は城の本を書いています。

この本は、2019年の10月から2020年の7月にかけて、WebサイトJBpressに連載した「教養として役立つ『日本の城』」をもとに編んだものです。本として仕立てるのに、新しい原稿をかなり書き下ろしました。書き足りない内容も多々ありましたし、連載のままでは、Web連載を愛読してくださった皆さんに、申し訳がないですから。ただ、どうしても考えてしまったのは、やはり2020年という、この状況です。

日本全国にはすばらしい城、面白い城がたくさんあります、さあ、皆さんも行ってみましょう！――これまで、城の入門書はどれも、そんな書き方をしてきました。でも、そんなお誘いがしにくい状況だって、ありますよね。

一方で、城に興味をもった人に、まず全国の名城めぐりをすすめる風潮に、僕は以前から疑問も感じてきました。どんな人でも、いつでも、気おくれすることなく城の世界に入っていけるような本を、書きたい。だったら2020年の、いまこの状況だからこそ、自分の思いを世に問いたい――そう考えたのです。

そんな思いを形にするにあたって、いろいろな方にお世話になりました。まず、Web連載からずっと編集を担当して下さっている、山内菜穂子さん。JBpressとワニブックスの関係者の皆さんや、デザイナーさん。本当にありがとうございました。快く写真を貸して下さったOgiさん。またおいしいお酒を、ごいっしょしましょう。

誰より、この「あとがき」を読んでいる、あなたに感謝を。たくさんある城の本の中から、この1冊を選んでくれて、本当にありがとうございます。あなたが、この本を手に取ったとき、全国の城を自由にめぐることは、まだできないかもしれません。

でも、いつか訪れる日がくれば、城は必ずあなたを待っていてくれます。だって、築かれてここまでの何百年の間にだって、いろいろなことがあったのですから。毎年変わらず、蝉が鳴くように。夏雲がわくように。赤トンボが飛ぶように。城も同じように、ずっと待っていてくれますから。

2020年、晩夏に　著者記す

西股総生 FUSAO NISHIMATA

にしまた・ふさお　城郭・戦国史研究家。1961年北海道生まれ・神奈川県在住。発掘調査員をへてフリーライター。日本考古学協会・城館史料学会・戦国史研究会会員。大河ドラマ『真田丸』で戦国軍事考証を担当。主著に『戦国の城がいちばんよくわかる本』(2016KKベストセラーズ)『図説 戦う 日本の城 最新講座』(2017学研)、『戦国の軍隊』(2017角川ソフィア文庫)、『「城取り」の軍事学』(2018同)、『東国武将たちの戦国史』(2015河出書房新社)。著書・学術論文・雑誌記事なども多数。軍事的視点からの鋭い分析が持ち味だが、ビギナー向けの軽妙なトークも好評。

1からわかる日本《にほん》の城《しろ》

著者　西股総生《にしまたふさお》

2020年11月12日　初版発行

装丁・本文デザイン　mashroom design
校正　福田智弘

発行人　菅原聡
発行　株式会社JBpress
〒105-0021
東京都港区東新橋2丁目4-1
サンマリーノ汐留6F
電話　03-5577-4366

発売　株式会社ワニブックス
〒150-8482
東京都渋谷区恵比寿4-4-9
えびす大黒ビル
電話　03-5449-2711

印刷・製本所　近代美術株式会社
DTP　株式会社三協美術

ISBN978-4-8470-9980-9 C0021